EXCELÊNCIA EM LIDERANÇA PARA TI

EXCELÊNCIA EM LIDERANÇA PARA TI

Como Entregar Resultados Através das Pessoas

GRAHAM WALLER
GEORGE HALLENBECK
KAREN RUBENSTRUNK

M.BOOKS

M.Books do Brasil Editora Ltda.

Rua Jorge Americano, 61 - Alto da Lapa
05083-130 - São Paulo - SP - Telefones: (11) 3645-0409/(11) 3645-0410
Fax: (11) 3832-0335 - e-mail: vendas@mbooks.com.br
www.mbooks.com.br

Dados de Catalogação da Publicação

Waller, Graham; Hallenbeck, George; Rubenstrunk, Karen - Excelência em Liderança para TI - Como entregar resultados através de pessoas
2012 - São Paulo - M.Books do Brasil Editora Ltda.

1. TI Tecnologia da Informação 2. Liderança 3.Recursos Humanos
4. Administração

ISBN: 978-85-7680-134-4

Do original: The CIO Edge - 7 leadership skills you need to drive results
Original publicado pela Harvard Business Review Press
ISBN original: 978-1-4221-6637-6

Editor:
Milton Mira de Assumpção Filho

Tradução:
R. Brian Taylor e Maria Thereza Taylor

Produção Editorial:
Beatriz Simões Araújo

Coordenação Gráfica:
Silas Camargo

Editoração e Capa:
Crontec

2012

Graham:
Para minha extraordinária esposa, Patty,
e para meus pais, Sheila e John,
aos quais sou eternamente
grato.

George:
Gostaria de agradecer a minha
maravilhosa esposa, Kate, pela sua compreensão,
encorajamento e suporte.

Karen:
Para meu marido incrível, Chuck,
pelo seu amor inabalável e sua fé
consistente em mim... e por nunca
deixar que eu me levasse muito
a sério.

Sumário

Nota do Editor

Este livro é direcionado a CIOs e Executivos da área de TI. No Brasil, a função de CIO tem sido mais utilizada nas grandes empresas; principalmente, nas internacionais.

Entendemos com Executivos de TI, diretores, gerentes, supervisores e líderes de grupos de trabalhos com responsabilidades de desenvolver e entregar resultados em TI.

O texto é tambem direcionado para MBAs e Cursos Universitários para as áreas de tecnologia.

INTRODUÇÃO

SOFT SKILLS PRODUZEM RESULTADOS CONCRETOS

VAMOS COMEÇAR COM AS BOAS-NOVAS. Nunca antes houve uma época mais vigorosa para ser diretor de informática, executivos de TI ou mesmo um CIO. A tecnologia é a única força mais poderosa disponível nas empresas hoje – uma ferramenta que os executivos e a diretoria cada vez mais reconhecem pelo seu potencial.

Mas cuidado com o que você deseja! Agora temos de satisfazer essas expectativas realçadas. O propósito deste livro é responder a pergunta "Como os executivos de TI e CIOs conseguem cumprir melhor a promessa de TI?" e começamos elaborando sobre o que você já sabe.

Eles entendem que precisam administrar os processos de TI para poderem entregar resultados e satisfazer as principais expectativas. Eles também entendem a necessidade de liderar pessoas para desenvolver essas metas. No entanto, o que muitos não entendem – e, de fato, o que nós mesmos não entendíamos completamente antes de começarmos nossa pesquisa – é a interação incrivelmente importante entre os dois.

O foco nas habilidades de liderança e pessoas – as coisas "suaves" (não técnicas) que muitos executivos de TI e CIOs tendem a minimizar em sua busca para se manterem atualizados com suas responsabilidades diárias de administrar a TI – é, de fato, o maior determinante de seu sucesso, ou fracasso.

Nas páginas seguintes, não apenas identificaremos quais habilidades específicas são mais importantes, mas também explicaremos: (1) como você poderá desenvolvê-las e (2) por que há uma recompensa enorme – tanto profissional *e pessoalmente* – se você assim o fizer.

Soft skills *produzem resultados concretos.* Ficamos para esta observação por toda nossa carreira. Não importa se estávamos implementando projetos possibilitados pela TI, dirigindo uma prática executivo de TI, *coaching* CIOs ou trabalhando com CEOs e diretorias na contratação de executivos de TI ou no desenvolvimento de talentos, este pensamento voltava para a gente. Parecia que essas cinco palavras *soft skills* produzem resultados concretos – sempre explicavam por que um projeto teve sucesso. Em contrapartida, a ausência dessas *soft skills* invariavelmente era o motivo de ele falhar.

Não importava se a empresa estava introduzindo novos hardwares, implementando uma grande iniciativa de negócios ou tentando dar uma reviravolta na organização de TI; o precursor do sucesso era sempre o mesmo. Se o executivo de TI tivesse um bom relacionamento de trabalho com todos os envolvidos, dos patrocinadores dos negócios aos fornecedores e aos colegas por toda a organização, o projeto invariavelmente dava certo. Essas *soft skills* com pessoas salvavam o dia. Se a discórdia, relacionamentos estremecidos ou oposição pessoal ou profissional estivessem presentes, seria mais fácil cancelar tudo antes mesmo de começar. Nunca haverá um final feliz. Assim, ficava cada vez mais claro que *soft skills* produziram resultados concretos.

Quando observávamos o sucesso, não eram as pessoas mais inteligentes ou as melhores tecnologias que eram promovidas em primeiro lugar. Em vez disso, os executivos de TI que tinham os melhores relacionamentos e podiam ganhar "seguidores" – não apenas entre seus funcionários, mas, mais importante ainda, entre seus parceiros comerciais dentro e fora da organização – subiram mais rapidamente na classificação. Mais importante, eles eram *percebidos* – especialmente pelos seus colegas de negócios por toda a empresa – como líderes de sucesso. Como você sabe, isso não é fácil.

Todos os executivos de TI devem produzir resultados. O que diferencia o melhor é como eles o fazem: através de pessoas, pelas pessoas e com as pessoas.

Em contrapartida, os bons executivos de TI muitas vezes completam seus projetos no horário programado e dentro do orçamento. As redes estão disponíveis quando necessárias. Os dados são válidos e seguros. E ainda assim, a opinião *percebida* da TI não é ótima dentro das empresas. Os executivos fora do departamento apontam para as mudanças nos processos de negócios que não foram suportadas ou alegam que toda discussão com a TI é sobre custo, quando o foco deveria ser capacitação em negócios (*business enablement*). A concessão líquida, apesar das realizações do executivo de TI, é que o departamento de TI no geral, e o CIO em particular, é frequentemente visto como fora de sincronia com o restante da organização. E, muitas vezes, percepção é realidade.

Porém, observamos que os executivos de TI com as melhores habilidades humanas não sofriam dessa percepção, isto porque eles usavam suas *soft skills* para influenciar as expectativas bem adiante de quando as prioridades foram estabelecidas ou o projeto começou. Antes que um tostão fosse orçado ou o tempo da equipe alocado, eles se reuniam com seus colegas, se envolvendo em conversas bilaterais cândidas sobre como o sucesso deveria se parecer. Assim, eles entregam de acordo com as expectativas que eles ajudaram a estabelecer. Como resultado, a empresa sentia que o investimento de tempo e dinheiro em TI valia a pena.

Soft skills produziam resultados sólidos. Esta observação nos deu quase que um sexto sentido que nos permitia prever se um novo projeto teria sucesso ou fracassaria – e se alguém recém-cunhado no papel de executivo de TI estava destinado ao estrelato ou logo estaria procurando um novo emprego. Mas, por muito tempo, nunca realmente havíamos percebido o poder completo deste *insight* como uma maneira de ajudar os executivos de TI a desenvolver, melhorar e essencialmente serem excelentes em seus papéis.

Em seguida, começamos a conversar durante um intervalo em uma conferência onde estávamos apresentando separadamente. Depois de nos atualizarmos sobre os assuntos, a conversa se voltou para perguntas que estavam nos perturbando. Se a aplicação bem-sucedida da TI é crítica para o sucesso de uma organização – e quase todo mundo acredita nisso –, então por que muitos executivos de TI ainda são mantidos com baixa estima pelos CXOs (executivos que têm *diretor* em seu título)? Por que o restante da organização muitas vezes permanece cético sobre o desempenho de seu departamento de TI no geral e do executivo de TI em particular? Resumindo, se tanto já foi escrito sobre as melhores práticas de TI, por que poucos executivos de TI são vistos pelos colegas, diretorias e CEOs como grandes líderes por direito próprio, continuamente produzindo grande valor para a empresa?

Na época, não tínhamos a resposta. Mas prometemos passar muito tempo trabalhando na resposta para ajudar os CIOs (e os executivos de TI) a melhor cumprirem a promessa imensa da TI, algo que é uma paixão para nós três. Depois de três anos e inúmeras horas de pesquisa, entrevistas minuciosas e colaboração, o resultado é este livro que você segura em suas mãos.

A PESQUISA COMEÇOU AQUI

Começamos fazendo a pergunta mais básica de todas: Como descrevemos um diretor de informática superior? Nossa resposta era que os grandes executivos de TI são líderes inspiradores, consistentemente produzindo resultados, excedendo as expectativas das principais partes interessadas e maximizando o valor dos negócios entregues através da tecnologia. Após termos concordado com a definição, fazemos a mesma pergunta que você faria: Quais as habilidades que um CIO precisa ter para fazer essas quatro coisas?

Quando a pergunta foi feita dessa maneira, pensamos nos executivos de TI que, como sabemos, se encaixam na definição. O que os separa do executivo médio? Percebemos um padrão claro de orientação para as pessoas, colaboração e inclusão, mas se sobressair nas *soft skills* significa se sobressair como um executivo de TI com alto desempenho? Sentimos que os melhores executivos de TI empregam *soft skills* para produzir resultados concretos. Mas esta pode ser a melhor explicação para seu sucesso? Parecia que sim. Mas se aplicarmos ciência ao problema, chegaremos à mesma resposta?

Para descobrir, juntamos forças. A Karen e o George trouxeram os recursos da Korn/Ferry International (KFI), o primeiro provedor de soluções para a gestão de talentos de executivos do mundo para o problema. O Graham atrelou o poder da Gartner Inc., o líder global em executivos de TI e CIO, e pesquisa na tecnologia da informação e conselhos. A unificação de dados empíricos profundos da KFI sobre as competências de lideranças (mais de um milhão de executivos estudados) com a pesquisa da Gartner nas tendências da TI e a evolução do papel do executivo de TI nos daria um discernimento singular e motivado por dados na constituição de um executivo de TI com alto desempenho.

Uma vez que havíamos estabelecido um perfil baseado em dados para o sucesso do executivo de TI, fomos então entrevistar os melhores executivos de TI. Alguns dos executivos de TI com alto desempenho foram identificados de acordo com seus resultados da ferramenta de avaliação da liderança da KFI; outros foram identificados através de recomendações de líderes respeitados por todas nossas redes globais. Nomeamos outros com base no conhecimento pessoal. Durante todo o processo, cruzamos todos os dados citados anteriormente com a melhor pesquisa disponível de fontes externas e através de conversas com seus colegas e subordinados – nós precisávamos ter certeza de que estávamos fazendo a avaliação correta. Como descrevemos no Anexo, não prejulgávamos qualquer coisa. Simplesmente perguntávamos a todos os executivos de TI sobre eles mesmos, seus estilos de liderança, como eles viam suas prioridades, como eles faziam o trabalho e onde eles gastavam seu tempo. Não havia nada de especial sobre nossas perguntas, mas certamente havia algo especial em suas respostas. Em suas próprias palavras, cada um desses *alto executores* nos disse que a chave é liderança de pessoas.

Como disse Filippo Passerini (presidente, serviços de negócios globais e CIO) da P&G: "Nenhuma quantia de tecnologia consegue substituir o poder de pessoas motivadas e energéticas. Isto é especialmente verdadeiro se sua missão é fazer uma diferença real como executivo de TI, de criar valor através da aplicação da TI, de tornar-se um verdadeiro parceiro estratégico para a empresa fazer com que a TI seja relegada para uma função de *commodity*. Se esta é a sua meta - e é a minha -, as pessoas são centrais para a transformação do modo como fazemos negócios. A TI passa a ser mais um negócio de pessoas do que um negócio de tecnologia. É por isso que meu primeiro foco está nas pessoas".[1]

Novamente, isto faz sentido. Cada vez mais, todos compartilham tecnologias centrais similares e as melhores práticas administrativas. O que varia mais de executivo de TI para executivo de TI é como eles lideram, influenciam, inspiram e trabalham com as pessoas ao seu redor. Segue-se, então, que esta variável deveria ser o maior determinante do sucesso. Os diagramas simples nas figuras ajudam a ilustrar por que este é o caso.

O PROBLEMA: UM VAZIO NA LIDERANÇA

Ao executar suas responsabilidades diárias, cada executivo de TI dirige a organização de TI através de um conjunto cada vez mais comum de sistemas administrativos (figura I-1). Embora não seja o aspecto mais excitante do papel, as práticas administrativas de TI disciplinadas são a fundação para manter o departamento de TI em ordem e são, consequentemente, um pré-requisito para o sucesso de qualquer executivo de TI no mundo de hoje. Junte a este a necessidade de alavancar a TI para melhorar os processos comerciais e o desempenho dos negócios e você terá uma boa ideia dos aspectos fundamentais do papel de executivo de TI.[2]

Além de administrar a TI e aplicar astúcia nos negócios, não tem um executivo de TI que não concorde - pelo menos intelectualmente - que a provisão da liderança é uma responsabilidade central para o papel do executivo de TI. Liderança é sobre mudança e fazer as coisas diferentemente; ela requer o estabelecimento de uma visão e inspiração para que outros a sigam. As características centrais de liderança são retratadas na figura I-2.

FIGURA I-1

O lado administrativo do papel do Executivo de TI

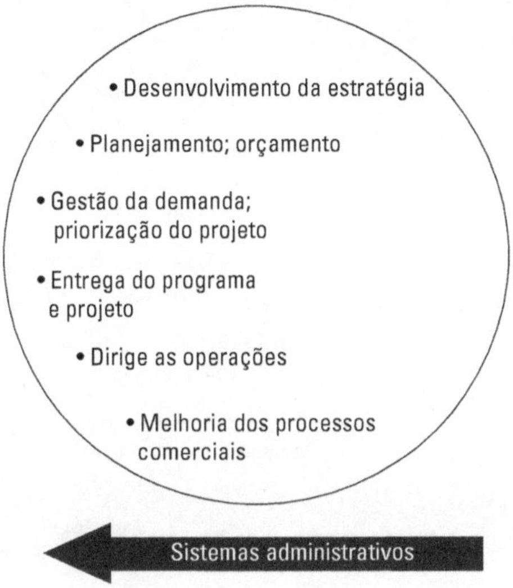

Entretanto, como dissemos anteriormente neste capítulo, há uma enorme interação entre sistemas administrativos e liderança de pessoas – a intersecção onde os resultados superiores são criados, ou não. De fato, a dependência do sucesso do executivo de TI em liderança de pessoas é muitas vezes pobremente entendida e subestimada.

Infelizmente, muitas vezes vimos executivos de TI dando pouca atenção à parte de liderança de pessoas em seus empregos. Seja por causa das pressões administrativas implacáveis do cargo, desvalorização involuntária dos méritos de "coisas de pessoas" ou a falta de habilidades requisitadas, os resultados são dolorosamente claros. Observamos a frustração dos executivos de TI que sentem que não são nem ouvidos nem compreendidos, que trabalham incansavelmente e sacrificam muito pessoalmente, mas recebem pouco agradecimento em retorno e que lutam para satisfazer as expectativas crescentes de parceiros comerciais exigentes. Como retratado na figura I-3, a habilidade de liderança subdesenvolvida mina a capacidade para aperfeiçoar os relacionamentos críticos, assim como os processos administrativos de TI e, basicamente, restringir ou totalmente impedir a habilidade do executivo de TI em produzir resultados.

FIGURA I-2

O lado de pessoas do papel de liderança do Executivo de TI

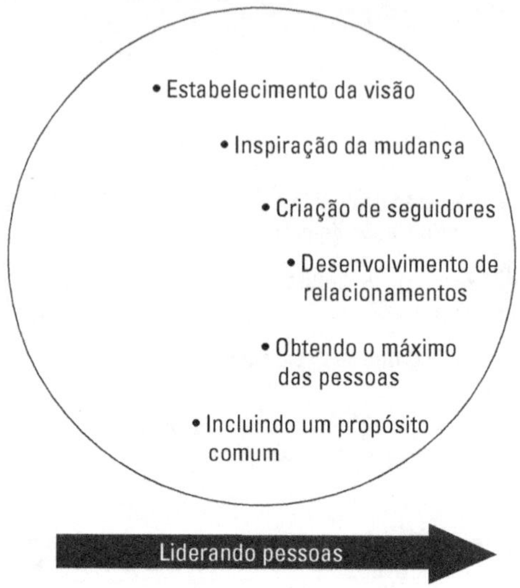

Nossa pesquisa revelou que embora um vazio na liderança seja muitas vezes um defeito fatal, não precisa ser assim. Um executivo de TI hoje precisa se sobressair em dois papéis. *Apenas quando você domina as duas metades do emprego - por um lado, o sistema administrativo e a astúcia nos negócios associados e, por outro lado, a liderança de pessoas e as habilidades interpessoais associadas - você poderá produzir desempenhos mais altos e resultados superiores* (veja a figura I-4).

De fato, é a habilidade de astuciosamente nivelar a liderança interpessoal no cruzamento dessas disciplinas que distingue os executivos de TI com o melhor desempenho. Por exemplo, embora todos os executivos de TI criem uma estratégia, são aqueles com o melhor desempenho que têm uma visão que realmente compele as ações desejadas. Embora todos os executivos de TI implementam sistemas, são aqueles com o melhor desempenho que, de forma colaborativa, formam parcerias para motivar todo o processo comercial e as mudanças culturais necessárias para maximizar o valor comercial desses sistemas. Resumindo, liderança e habilidades interpessoais aplicadas na ação correta como uma força capacitadora e amplificadora dos resultados dos processos, e conhecimento dos negócios à esquerda.

FIGURA I-3

A liderança subdesenvolvida de pessoas restringe os resultados

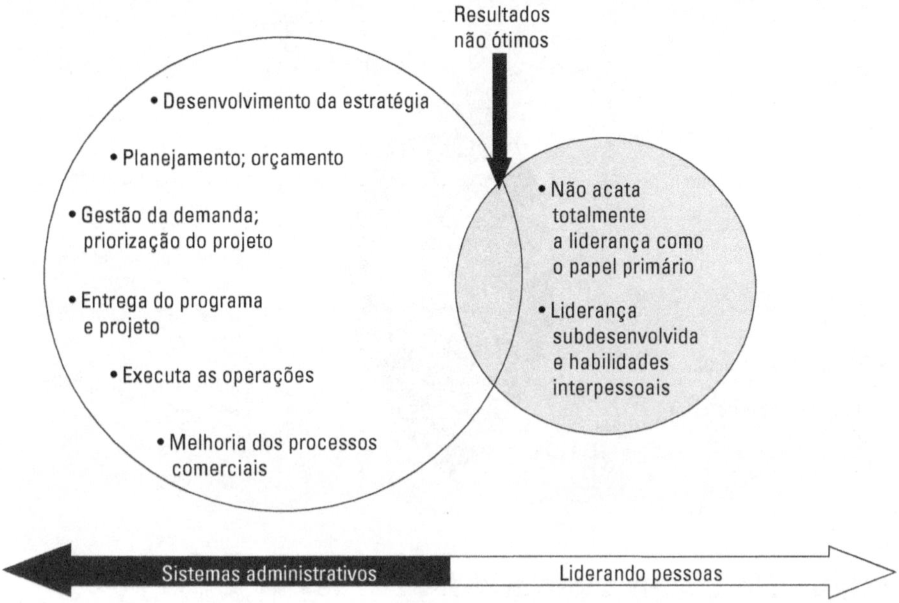

A RESPOSTA: EXCELÊNCIA EM LIDERANÇA PARA TI

Embora dizer que os melhores executivos de TI se sobressaem na liderança de pessoas seja um ponto de partida necessário, esta declaração é insuficiente para ajudá-lo a saber o que fazer e como fazer. À medida que se aproximava o final de nossos três anos de pesquisa e trabalho de campo, condensamos os padrões comportamentais e habilidades-chave que acreditamos que sejam os mais críticos para seu sucesso. Os dados (para uma visão geral da pesquisa de apoio, veja o anexo) e nossas entrevistas revelam que os melhores executivos de TI abordam o papel de maneira específica e previsível. Mais especificamente, os executivos de TI com melhores desempenhos se distinguem ao dominarem as sete habilidades seguintes:

FIGURA I-4

A maximização da liderança de pessoas maximiza os resultados

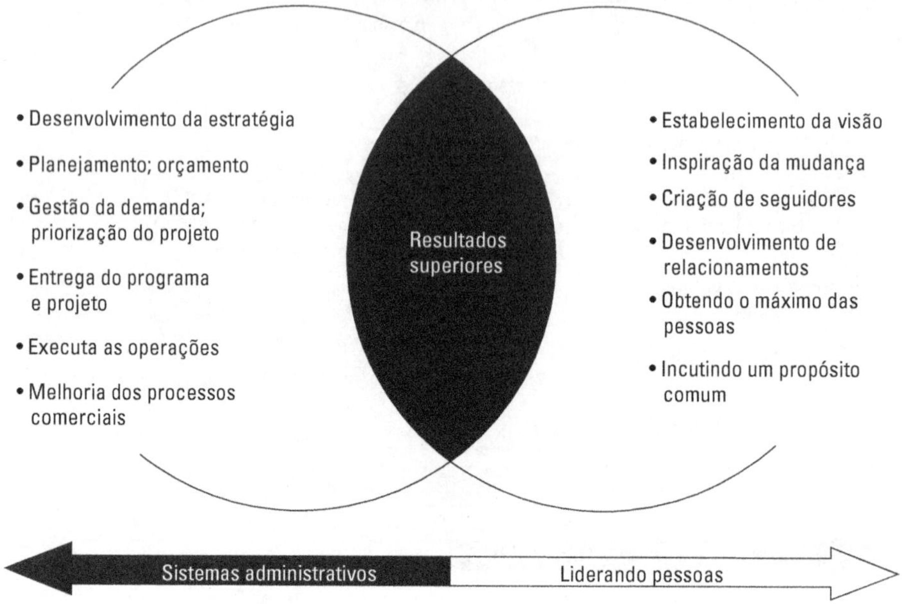

- *Primeiro, comprometa-se com a liderança, depois com o resto.* Todo o restante vem em segundo lugar. A nossa pesquisa revela que os executivos de TI com os melhores desempenhos são eficazes porque eles acatam a ideia de que tudo que precisa ser realizado será realizado através de pessoas, pelas pessoas e com as pessoas. Eles não acham que a ideia seja conversa fiada. Eles a vivem. Eles lideram.
- *Liderando diferentemente do que eles pensam.* Um executivo de TI com alto desempenho é um pensador incrivelmente complexo e criativo. Ainda assim, quando é hora de liderar, eles não dependem de "inteligências" superiores e habilidades analíticas para surgirem com a melhor solução possível. Eles agem de forma colaborativa.
- *Abraçando seu lado mais suave.* Os executivos de TI eficazes administram o paradoxo de ganhar mais influência ao abrir mão do controle e se permitirem ser vulneráveis. Esta vulnerabilida-

de, por sua vez, os permite criar conexões profundas e pessoais – conexões que proporcionam a habilidade de inspirar as pessoas tanto dentro quanto fora da organização.

- *Elaborando relacionamentos corretos para motivar resultados corretos.* Esta habilidade não é uma surpresa. Mas a observação seguinte pode ser. Os grandes executivos de TI gastam a maior porcentagem de seu tempo e energia administrando relacionamentos que existem lateralmente: com colegas de trabalho, fornecedores externos e clientes.
- *Praticando o domínio das comunicações.* De todas as maneiras e sempre. Os melhores executivos de TI sabem que seus colegas – especialmente as pessoas que trabalham para eles – estão sempre de olho. Esses executivos entendem que eles são sempre o centro das atenções. Eles aproveitam esta situação ao reiterarem, constantemente, as mensagens centrais e valores. Através de seu foco na clareza, consistência, autenticidade e paixão, eles certificam-se de que suas mensagens não sejam apenas entendidas, mas também sentidas. Eles querem comunicar um sentimento que levará as pessoas a tomar as medidas corretas.
- *Inspirando outras pessoas.* Em troca de um pagamento, a maioria das pessoas lhe concederá um desempenho adequado. Mas elas apenas mostrarão seu melhor trabalho se acreditarem que estão envolvidas em algo maior do que elas mesmas. Os melhores executivos de TI deixam claro que seus funcionários estão envolvidos num bem maior e que suas contribuições são significativas e valiosas.
- *Desenvolvendo pessoas, não sistemas.* Ao desenvolverem as pessoas ao seu redor, esses executivos de TI aumentam sua habilidade e capacidade de produzir resultados. Eles também sabem que a melhor coisa que eles podem fazer pela organização é deixar uma nova geração de líderes – este será seu legado vitalício.

De fato, como mostra a figura I-5, *Excelência em Liderança para TI* é dedicada a essas sete habilidades de liderança e sua recompensa pessoal e profissional. Mas antes de irmos muito adiante, talvez agora seja uma boa hora para endereçarmos os cínicos.

FIGURA I-5

Excelência em Liderança para TI

O QUE NÃO ESTAMOS DIZENDO

Parece fácil estressar a liderança e as competências interpessoais – *soft skills*. O pior é que os executivos de TI céticos (e não tão grandes) tornam-se defensivos e muitas vezes pulam para uma das duas objeções:

1. A ênfase nas coisas de pessoas fará com que seu desempenho no emprego sofra (porque você estará gastando tempo de seu "verdadeiro" trabalho de administração do investimento em tecnologia).
2. Qualquer decisão para se concentrar nas *soft skills* resultará em você ser marcado como "suave".

Em vista de toda pesquisa que fizemos, acreditamos piamente que nada disso é verdade. De fato, um padrão claro de nossas entrevistas mostrou que os melhores executivos de TI, aqueles que se sobressaem na liderança de pessoas, também estabelecem as metas mais agressivas e responsabilizam seu pessoal para que mantenham os mais altos padrões de desempenho.

E embora a maioria dos melhores executivos de TI seja aberta e carinhosa e se relacione bem, não há relutância em despedir pessoas que não tenham um bom desempenho. Esses líderes reconhecem que não é apenas melhor para o funcionário envolvido - se as coisas não estão dando certo, não faz bem, para nenhuma das partes, prolongar o sofrimento -, mas também é injusto para o restante da equipe manter alguém que não contribui.

Até mais pronunciado é sua tolerância zero por aqueles que não demonstram os valores e comportamentos-chave, como trabalho em equipe, integridade e responsabilidade - comportamentos considerados como centrais para a cultura que está sendo promovida. Os executivos de TI eficazes entendem o efeito tóxico que apenas uma maçã podre pode ter quando falamos desses valores centrais. Ao permitir que tais comportamentos continuem, eles demonstram aprovação tácita, consequentemente minando a credibilidade de sua própria liderança.

O mais intrigante é que os melhores líderes, aqueles que se sobressaem nas questões relacionadas às pessoas, conseguem se movimentar rapidamente quando chega a hora de fazer uma mudança. Eles têm a crença absoluta, convicção e coragem de que devem tomar as decisões difíceis sobre pessoas para que sua organização possa alcançar seu potencial total.

Assim, o primeiro conceito falso que precisamos esclarecer é de que as pessoas com *soft skills* são, por natureza, suaves. *Os dados mostram exatamente o oposto.* Os grandes executivos de TI assumem as tarefas mais difíceis, são responsáveis e não toleram uma mentalidade de vítima (isto é, "ninguém sabe como trabalhamos duro"; "teríamos sucesso, se *eles* deixassem").

Aqui está o segundo conceito falso que queremos endereçar. Não estamos dizendo que tudo que você precisa são as habilidades humanas.

Primeiro, e antes de tudo, você precisa ser capaz de *produzir* (por exemplo, operações e projetos estáveis como programado e de acordo com o orçamento). É preciso entender o modelo de negócios de sua empresa e as alavancas que motivam o crescimento e a lucratividade dentro de um cenário competitivo. E, é claro, é preciso saber o que está acontecendo no horizonte tecnológico. Mas estes são todos os preços de entrada, da mesma maneira que saber como equilibrar um orçamento e fazer concessões financeiras são coisas que presumimos que os CFOs sabem como fazer.

O domínio das soft skills *não substitui os requisitos centrais de seu trabalho. Em vez disso, ele é um capacitador poderoso e uma força amplificadora que lhe permite exceder as expectativas e maximizar o valor da TI.*

Os melhores executivos de TI abraçam seus lados suaves – sem serem eles mesmos suaves.

COMO ESTE LIVRO PODERÁ AJUDÁ-LO

Por que continuar lendo?

Seu sucesso, e em alguns casos sua sobrevivência profissional, estará fortemente ligado à sua habilidade para moldar e basicamente exceder as expectativas desafiadoras, e que mudam constantemente, dos constituintes internos e externos para sua empresa. Além disso, se é para a TI ser um parceiro estratégico e um contribuinte de alto valor (contra a função de "commodity", com baixo valor, a qual Filippo Passerini se referiu anteriormente), então o executivo de TI deve ser um grande líder. E a pressão para que você preencha este papel apenas irá aumentar. Por exemplo, embora sempre tivéssemos que realizar os trabalhos através de outras pessoas, como resultado da empresa "hiperconectada" que detalharemos no capítulo 1, as "outras pessoas" (tanto interna quanto externamente) estão cada vez mais fora de nosso controle direto. Elas não apenas se encontram localizadas do outro lado do mundo, mas também se reportam para departamentos diferentes ou, cada vez mais, para outras empresas que são seus parceiros estratégicos. Neste tipo de ambiente, você lidera não dando ordens, mas sim ao persuadir e influenciar, e deve saber como fazer isso extremamente bem.

Nada disso passou despercebido pelas diretorias e membros da alta gerência responsáveis pela contratação de executivos de TI. Eles estão *cada vez mais exigindo que seus executivos de TI sejam, primeiro, líderes, e, em segundo, especialistas na área.*

Tem mais um benefício que gostaríamos de endereçar. Liderar de maneira a enfatizar as *soft skills* ajuda a aliviar as questões de exaustão e equilíbrio entre trabalho e vida que incomodam muitos profissionais de TI. Isto não apenas aliviará um pouco das exigências inexoráveis que você enfrenta - já que você desenvolverá seu pessoal ao ponto de eles poderem assumir muitas das responsabilidades diárias -, mas o trabalho será mais satisfatório, uma vez que você sabe que seu legado será a evolução da próxima geração de liderança de TI.

Assim, se você seguir as sete habilidades, sua vida de trabalho melhorará significativamente - você terá (finalmente) a oportunidade de distribuir a TI para a melhor vantagem possível de sua organização. E sua vida pessoal também melhorará. Mencionamos esta última parte por um motivo específico. Muitas pessoas de TI extremamente talentosas *não* aspiram tornar-se executivos de TI, isto porque elas acreditam que o emprego consome muito. Os melhores executivos de TI provaram que não precisa ser assim.

O QUE TEMOS À FRENTE

Aqui está como o livro será mostrado daqui em diante.

Lembra-se da figura I-5? Começaremos do começo e explicaremos por que a abordagem no capítulo 1, "Primeiro, Comprometa-se com a Liderança; Depois, com o Resto", deve ser sua prioridade número um. Explicamos por que você não pode subestimar a importância desta etapa e como as habilidades humanas que lhe dão uma vantagem hoje serão até mais importantes nos anos à frente.

No capítulo 2, "Lidere Diferentemente do Que Você Pensa", revelaremos por que não importa quão inteligente ou talentoso você seja, quando chega a hora de tomar uma medida, você deve liderar de forma colaborativa. Esta nova maneira de pensar sobre o seu papel e de liderar exigirá que você preste mais atenção às suas habilidades de liderança e de pessoas. Como você consegue fazer isso mais eficazmente compõe a parte central do livro: capítulo 3, "Abrace Seu Lado Mais Suave"; capítulo 4, "Elabore Relacionamentos Corretos, Motive Resultados Corretos"; capítulo 5, "Domine as Comunicações: Sempre e de Todas as Maneiras"; capítulo 6, "Inspire Outras Pessoas"; e capítulo 7, "Desenvolva Pessoas, Não Sistemas". Gastamos muito tempo nessas habilidades humanas por dois motivos. Primeiro, para muitas pessoas essas habilidades não vêm naturalmente, e, segundo, mesmo entre os executivos de TI com boas habilidades humanas, nossa pesquisa mostra que há espaço substancial para melhorias. Embora existam outros livros que endereçam as habilidades humanas e de liderança, acreditamos que nosso livro é singular em sua profundidade de pesquisa baseada em dados, focada exclusivamente na descoberta e compartilhamento de habilidades singulares de executivos de TI com alto desempenho.

Concluímos discutindo as recompensas de tudo isso, não apenas profissionalmente (capítulo 8, "A Recompensa Profissional: Proporcionando Resultados nos Negócios"), mas também pessoalmente (capítulo 9, "A Recompensa Pessoal"). Mostramos-lhe o que você pode fazer, começando hoje, para entrar para as classificações de melhores executivos de TI de amanhã.

Gostamos do fluxo, mas você não precisa segui-lo. Siga em frente. Ou leia os capítulos na ordem que quiser. (Deliberadamente, nós os fizemos modulares.) Você escolheu este livro porque achou que ele poderia torná-lo melhor em seu emprego. Estamos convencidos que sim.

O que faz um grande executivo de TI já não é mais segredo. Aplique os *insights* que descobrimos – Excelência em Liderança para TI – para proporcionar valor significante para sua organização e para criar um legado duradouro.

Vamos começar.

1

PRIMEIRO, COMPROMETA-SE COM A LIDERANÇA; DEPOIS, COM O RESTO

ENTREGANDO RESULTADOS ATRAVÉS DAS PESSOAS, PELAS PESSOAS E COM AS PESSOAS

Quando Tom Tabor, CIO da Highmark, uma grande empresa de seguro-saúde baseada nos Estados Unidos, foi escolhido como chefe do departamento de tecnologia, muitas pessoas na TI ficaram surpresas. Ele não era a pessoa mais antiga e, embora suas habilidades técnicas fossem excelentes, certamente havia muitas pessoas no departamento que sabiam tanto quanto ele – se não mais – sobre a TI. Então, por que ele conseguiu o emprego?

"Quando o Tom foi escolhido, ele não foi escolhido para o futuro da tecnologia; ele foi escolhido para o impacto futuro da tecnologia dentro da Highmark", disse o CEO da empresa, Ken Melani. "E o Tom sempre foi um desses executivos que fazem as coisas acontecerem. Independentemente da situação, ele conseguia fazer as pessoas trabalharem juntas e ficarem focadas. Precisávamos de seu talento para administrar através das pessoas; caso contrário, nunca teríamos totalmente otimizado os milhões que gastamos com tecnologia."[1]

Os comentários do Melani resumem maravilhosamente por que sua empresa está te procurando para ser um líder. Embora você sempre tenha ouvido dizer que "o executivo de TI está singularmente situado para inspecionar toda a empresa", a organização de hoje cada vez mais quer e precisa que você agregue valor ao que você vê.

Não é que suas habilidades administrativas e técnicas não são valorizadas. É que agora elas são vistas como necessárias, porém insuficientes. A empresa precisa que você faça mais. Ela precisa que você seja um líder.

Embora a tecnologia tenha o enorme potencial de transformar o desempenho nos negócios, seu poder pode apenas ser destravado através das pessoas. E é preciso ter liderança para fazer com que um grupo diverso de pessoas, tanto por toda a empresa quanto fora de suas quatro paredes, proporcione as melhores oportunidades capacitadas pela TI.

Como disse o Melani, isto é algo que os CEOs e as diretorias cada vez mais procuram em seus CIOS e executivos de TI. Dean Harrison, CEO do Northwestern Memorial Hospital, enfatiza este ponto: "Esperamos que nossos líderes seniores sejam líderes institucionais que consigam transcender seus papéis e habilidades além de suas áreas tradicionais de especialidade. Como um exemplo, nós recentemente promovemos Tim Zoph, nosso CIO, para a posição de vice-presidente sênior e expandimos seu portfólio de desenvolvimento e implementação de nossa estratégia tecnológica para ajudar a avançar toda nossa organização com responsabilidades adicionais".[2]

Os melhores executivos de TI fazem tudo que podem para satisfazer essas expectativas. Eles fazem da liderança seu trabalho número um.

SE TODOS têm acesso à mesma tecnologia, às mesmas práticas administrativas e ao mesmo grupo de trabalhadores, por que é que alguns executivos de TI são um fenômeno em termos de sucesso, enquanto outros simplesmente avançam aos tropeções (ou pior, são soterrados)? Após entrevistarmos pessoalmente centenas de executivos de TI e analisarmos a vasta base de pesquisa na qual este livro é baseado (veja o anexo), descobrimos que a resposta era bastante clara: os executivos de TI com o mais alto desempenho são eficazes porque eles abraçam a ideia de que tudo que precisam para realizar será alcançado através de pessoas, pelas pessoas e com as pessoas.

Assim, os grandes executivos de TI gastam uma quantia excessiva de tempo proporcionando às pessoas na organização o seguinte: visão, propósito comum, inspiração, expectativas claras, desenvolvimento e um ambiente onde elas consigam entregar resultados com sucesso. Em outras palavras, os executivos de TI lideram. Por entenderem que tudo que eles fazem flui disso, eles colocam a liderança à frente de todos seus esforços. E você também deve fazer isso.

Este é um ponto importante. Virtualmente todos os executivos de TI com os quais conversamos concordam *inteligentemente* que a ideia de liderança de pessoas – que eles precisam criar um ambiente que permita que as pessoas deem o seu melhor no trabalho – é criticamente importante para seu próprio sucesso. Mas, como discutimos na introdução, o entendimento intelectual não é o mesmo que se comprometer a agir.

Apesar de seus melhores esforços, os executivos de TI que não se comprometem totalmente com a liderança de pessoas, tanto em pensamento quanto em ações, não obtêm os resultados que eles esperam. É fácil reconhecer esses executivos de TI. Eles falam sobre a importância da liderança de pessoas, mas dedicam uma pequena porcentagem de seu tempo para as verdadeiras questões de pessoas, como o desenvolvimento de relacionamentos pela empresa, moldando expectativas compartilhadas ou orientando e instruindo os subordinados diretos. Ou esses executivos são inconsistentes em seu estilo de liderança, colaborando quando é fácil, mas agindo autoritariamente sob pressão ou quando os colegas ou subordinados não compartilham sua opinião.

Eles dizem que querem influenciar e persuadir, não ordenar, mas reprimem a ideia de gastar tempo e energia para desenvolver relacionamentos profundos e interpessoais que encorajam a influência forte e duradoura. Eles recebem complacência, não compromisso. Assim, não nos surpreende que embora esses executivos de TI possam entregar o projeto, alcançar o objetivo ou solucionar o problema, eles raramente são vistos como capazes de fazer mais (como moldar a visão da empresa ou serem verdadeiros líderes organizacionais).

UMA PERGUNTA POTENCIALMENTE PERTURBADORA

Você está tão consumido pela execução das tarefas administrativas centrais da TI que não consegue preencher seu papel primário como líder – o maior papel que seu pessoal, seus colegas e empresa precisam que você tenha?

Vamos tentar realçar esta distinção entre elogiar a liderança de pessoas apenas por elogiar e realmente fazê-lo. A tabela 1-1 mostra a mudança no executivo de TI que trabalha arduamente e que se comprometeu em colocar a liderança das pessoas em primeiro lugar. Se você se identificar mais com a coluna na esquerda, estará admitindo a necessidade de mudança, mas ainda precisa se comprometer.

TABELA 1-1

Comprometa-se primeiro com a liderança: Como ela se parece

Minha mentalidade	Antes	Depois
Como eu defino meu papel	Administrar a função de TI eficiente e eficazmente para produzir projetos de TI e serviços confiáveis.	Liderar as pessoas de forma colaborativa entre as funções, inspirando outras pessoas para alcançar resultados de negócios extraordinários por meio da tecnologia.
Como eu defino sucesso em relação à organização de TI	Reconhecido por liderar uma organização de TI bem administrada, recebendo classificações sólidas de satisfação dos clientes.	Reconhecido como um líder de negócios cuja organização é vista como um parceiro valioso em alcançar resultados.
Como eu administro as expectativas	Reagir às expectativas em mudança.	Ajudar a moldar as expectativas compartilhadas.
Meu relacionamento com a alta gerência	Manter relacionamentos transacionais principalmente formais, primariamente por meio de envolvimento em reuniões periódicas como os *status* mensais, atualizações de programas ou planejamento anual.	Desenvolver relacionamentos completos, confiáveis com a maioria dos membros da alta gerência, incluindo reuniões não planejadas, informais, para discutir oportunidades e questões à medida que elas surgem.

Minha mentalidade	Antes	Depois
Meu relacionamento com a diretoria	Patrocinar responsabilidade fiduciária relacionada à TI e requisitos de relatório	Ir além das responsabilidades fiduciárias relacionadas à TI para se tornar um conselheiro confiável e confidente pessoal nas principais oportunidades de negócios e questões de risco.
Como eu defino minha equipe e penso sobre meu papel na equipe	Administrar os esforços da equipe central de TI para satisfazer e fazer cumprir as expectativas de negócios.	Integrar vários relacionamentos-chave (tanto dentro quanto fora da TI – para cima, para baixo e lateralmente) em uma equipe coesa e extensa para alcançar resultados superiores de negócios.
Como eu penso a respeito e executo o lado de pessoas do meu papel	Administrar efetivamente os processos centrais de pessoal, como recrutamento, treinamento e revisões do desempenho.	Liderar, inspirar e desenvolver pessoas para que elas possam desatar seu potencial total e motivar resultados de negócios.
Como eu aloco meu tempo	Tentar alocar o tempo necessário para a liderança, pessoas e assuntos estratégicos, mas muitas vezes consumidos por assuntos táticos e a necessidade de reagir aos problemas imediatos.	Focar os esforços no desenvolvimento de relatórios diretos de TI (e da organização de TI mais ampla) de forma que o departamento consiga operar independentemente, permitindo mais tempo para se concentrar na liderança e estratégia.
Como eu vejo meu legado	Ter liderado uma organização de TI bem administrada, capaz de produzir consistentemente projetos complexos e administrar as operações de TI.	Ter desenvolvido pessoas e criado uma organização autossustentável que continua produzindo valor e excedendo as expectativas, bem além do meu período de trabalho com a organização.

Se a tabela não ajudou a realçar a diferença entre dizer que você acredita em ser um líder e realmente agir dessa maneira, considere dar uma olhada no retrovisor. Quando você saiu do seu último cargo (ou quando sair deste cargo), os seus superiores imediatamente pensaram (ou pensarão) no esforço que eles teriam ao decidir entre os seus vários subordinados diretos, os quais eram todos altamente qualificados para substitui-lo, ou eles saíram (ou sairão) de mãos vazias? Um executivo de TI, que se comprometeu totalmente em colocar a liderança de pessoas em primeiro lugar, raramente deixa uma organização de TI que não tem sucessores viáveis e valiosos nela.

Os melhores executivos de TI acreditam fundamentalmente que a única maneira de ter sucesso é se sobressair no "negócios de pessoas".

O MOMENTO DE DESCOBERTA

Alguns executivos de TI precisam de um momento de descoberta para entender a importância de ser um líder. Vai chegar um dia em que repentinamente haverá um estalo e eles dirão: "Agora eu entendi!". Foi o que aconteceu com Randy Spratt, vice-presidente executivo, diretor de tecnologia e diretor de informática da McKesson, uma empresa de atendimento médico com US$ 90 bilhões em receitas.

> Enquanto trabalhávamos em um programa de vários anos para motivar o suporte consistente, de classe mundial, para toda a organização, encontrei esta pesquisa que basicamente dizia que o desempenho financeiro vem da lealdade dos clientes, isto porque se o cliente não retorna para sua empresa e não fala positivamente sobre você para os outros, mais cedo ou mais tarde seu negócio declinará. De onde vem a lealdade do cliente? De satisfação repetida, não única, com os produtos, serviços e interações com a empresa. E qual é a única maneira de ela surgir? Através do seu pessoal. Ou eles são extremamente entusiasmados por desenvolverem produtos que satisfazem as necessidades dos clientes e cuidam dos clientes, ou não.
>
> Há apenas uma coisa que criará um ambiente no qual eles podem se sentir animados. Liderança. Como você desenvolve seus programas de incentivos; como você os reconhece e os

> recompensa; como você os desenvolve. O ritmo, o tom, tudo que você faz acaba em seus resultados financeiros através do caminho pelo qual seu pessoal se comporta.
>
> Aquele momento de descoberta mudou completamente o modo como eu via a liderança, isto porque eu percebi que ela começa com as pessoas. Os resultados financeiros são indicadores arrastados.[3]

O que o Spratt identificou é o que muitas pessoas deixam de reconhecer – a liderança eficaz começa primeiro com as pessoas e, através delas, os resultados seguirão.

Outros entre os melhores executivos de TI que entrevistamos concluíram que a liderança de pessoas precisava vir em primeiro lugar apenas após eles testemunharem os resultados por fazê-la. Através de erro e tentativa, eles eventualmente aprendiam que a liderança era sua prioridade número um e percebiam que uma vez que a maior parte de seu tempo era investida na liderança, o desempenho de seus departamentos aumentava dramaticamente.

Há um motivo óbvio de por que muitos executivos de TI têm problemas para acatar o conceito de que ser um líder é mais importante do que administrar a TI. Ele é simplesmente contraintuitivo a quase tudo pelo qual eles haviam sido recompensados no início de suas carreiras.

O caminho que você toma para chegar a esta realização necessariamente não importa.O que importa é o entendimento de que seu trabalho número um não é dominar a tecnologia. É proporcionar uma liderança colaborativa, participativa, através da qual você desenvolve os relacionamentos, compromissos, visões compartilhadas e propósito comum que possibilita o sucesso.

Dado o papel singular do executivo de TI, isto não nos surpreende. Pense sobre seu emprego por alguns minutos. Primeiro, você é um provedor de serviços para virtualmente todas as partes da empresa. Você precisa simultaneamente administrar os relacionamentos com cada unidade de negócios, sendo que cada uma delas tem suas próprias necessidades, estilos e habilidades, enquanto busca o bem maior da empresa. Como disse um executivo de TI: "Tenho de encontrar uma maneira de trabalhar com elas muito mais do que elas precisam achar uma maneira de trabalhar comigo. Se eu dirigisse uma unidade de negócios e ela estivesse produzindo lucros significantes, talvez eu conseguisse me safar por ser um babaca. Já que este não é meu trabalho, preciso encontrar meios de trabalhar produtivamente com cada departamento na organização – satisfazendo as necessidades deles e as nossas".

Segundo, a mudança na TI é muitas vezes mais complexa e entrelaçada pela empresa do que é para a maioria das outras funções. Sem habilidades humanas exemplares, o desenvolvimento de um entendimento e suporte da diferença pode ter consequências terríveis para a organização – e sua carreira.

Um executivo de TI nos deu um exemplo excelente. "Se uma campanha publicitária fracassa e a diretoria responsabiliza nosso departamento de marketing, eles poderão despedir o VP de marketing, talvez despedir a agência publicitária e empregar outra, mas depois de seis meses e um investimento de dinheiro novo, estamos de acordo com uma estratégia de marketing totalmente nova", ele disse. "Mas se você precisa mudar um ERP (sistema de planejamento dos recursos da empresa) antigo ou corrigir um sistema de CRM (gestão de relacionamento com os clientes) mediocramente implementado, as mudanças na TI e nos negócios levarão anos e custarão milhões de dólares. Se eu não posso depender das habilidades humanas para fazer com que esta diferença seja entendida, estou com problemas".

Pense sobre como os outros – seu chefe, os líderes das unidades de negócios, subordinados diretos – pesariam nas suas habilidades de liderança de pessoas. Eles o descreveriam como um líder de negócios inspirador, aquele para quem eles naturalmente se voltam a respeito dos desafios mais urgentes? Se não, qual impacto as percepções deles têm na sua habilidade de exceder as expectativas e produzir valor?

SEM DESCULPAS

Conforme continuávamos a pesquisa para este livro, um tema continuava ocorrendo constantemente: os executivos de TI com alto desempenho repetidamente nos disseram que não podemos tolerar desculpas por não satisfazer as expectativas e produzir valor. Você não pode reclamar das pressões sob as quais se encontra ou como seus parceiros comerciais não entendem a TI ou têm uma visão diferente das prioridades. Os melhores executivos de TI disseram que se você quiser ter o mesmo nível de respeito acordado para outras partes da organização, precisa se certificar de que você, e seu departamento, mantêm os mesmos padrões contra os quais eles são julgados.

Muitas vezes não fazemos isso, e, como resultado, a maneira como a TI é vista tem sofrido, um tópico que Barbra Cooper, vice-presidente do grupo e CIO da Toyota Motor Sales U.S.A, continuou repetindo para nós: "Você sabe por que a percepção da TI tem sofrido por trinta anos?", ela pergunta retoricamente. "É como se tivéssemos engolido uma pílula de mentalidade de vítima. Sabe como é: 'Coitada de mim. As pessoas não entendem como meu emprego é difícil'. Este tipo de pensamento simplesmente não é aceitável se quiser ser levado a sério pela organização".[4]

> Filippo Passerini, da P&G, é igualmente franco:
>
> Uma coisa que deve ser proibida no nosso mundo é autopiedade, a ideia de que as pessoas não entendem como você está fazendo um bom trabalho, ou que elas não nos apreciam. Isto absolutamente não faz sentido. Seria como a P&G dizer que o motivo de as vendas estarem ruins é porque os clientes não entendem quanto carinho colocamos nelas. Isto não seria culpa dos nossos clientes. Seria nossa culpa, isto porque, no final, não importa quanto nós tentamos. É quanto nós vendemos. Na TI, a mentalidade tem de ser a mesma. Depende de nós mesmos moldarmos nosso destino; depende completamente de nós.

O Filippo, o qual foi treinado como engenheiro, argumenta que os executivos de TI devem pensar como líderes de negócios e não apenas como tecnólogos, e ele admite que não é necessariamente fácil para alguém que subiu pelas classificações da TI:

> As pessoas com um passado técnico, como eu, tendem a pensar em termos binários. Este ou aquele. Você pode ter custo baixo ou qualidade melhor; velocidade ou poder. Mas se estiver dirigindo uma unidade de negócios, como eu fiz, espera-se que todos os anos você produza volumes de vendas maiores, aumente sua participação no mercado *e* aumente seu lucro. Se pensar sobre isso, esses três – lucro, volume e participação – estão em conflito. Porque você quer aumentar o lucro, aumentará o preço – mas se aumentar os preços, as chances são de que o volume cairá. Assim, nos negócios não é "este ou aquele". É "e este, e este, e este".
>
> Temos de mudar o pensamento na TI. Precisamos parar de dizer que podemos reduzir os custos ou aumentar a velocidade. Precisamos parar de dizer para nossos colegas que se aumentarmos a velocidade, a qualidade será afetada. Temos de fazer com que nosso pensamento seja "e este, e este, e este" – que podemos reduzir os custos, aumentar a velocidade e melhorar a qualidade. Na P&G, temos feito isso. Temos treinado o pessoal de TI para ter esta mentalidade de negócios. Temos gerentes que agem muito como gerentes de marca com o resto da empresa. Eles são responsáveis pela criação, operação, inovação, fornecimento, comercialização do serviço. Assim sendo, as habilidades exigidas são aquelas de pessoas de negócios.

Os melhores executivos de TI expandem sua já bem afiada mentalidade tecnológica para pensar e agir da mesma maneira como os outros bons líderes de negócios dentro de suas organizações.

O executivo de TI da Sony, Shinji Hasejima, resume maravilhosamente o argumento de sem desculpas: "Em vez de serem reativos, os executivos de TI devem ser proativos. No passado, quando a TI recebia muitas tarefas, ela escolhia o caminho mais fácil a priorizar. Nós que estamos no lado da TI precisamos lutar mais, assim como nossos parceiros de negócios dentro da empresa – fazendo muito mais com muito menos – ou não podemos ser verdadeiros parceiros nos negócios".[5]

Até agora, focamos nos fatores internos que estão exigindo que você seja primeiro um líder. Mas também existem fatores externos que amplificam esta necessidade.

POR QUE A DEMANDA PELA LIDERANÇA AVANÇADA EXPLODIRÁ

Se você acha que o ritmo da mudança é implacável, e você é a pessoa no epicentro para garantir que sua organização não apenas se mantenha atualizada com ela, mas também responda a ela eficazmente:

1. Você está certo.
2. Você não está sozinho.

Não importa como vemos a mudança, seja através de lentes sociais ou comerciais, o capacitador básico, sem dúvida alguma, tem a tecnologia no seu núcleo. De fato, a velocidade, na qual a tecnologia da informação está remodelando a economia global ou criando novas formas de concorrência, é absolutamente espantosa. Ela não está apenas possibilitando novos modelos de negócios, mas também desafiando as suposições administrativas tradicionais. E estamos apenas começando.

Pela natureza do papel do executivo de TI, você se encontra, goste ou não, no centro do furação, no nexo das decisões e ações de liderança. Essas decisões se espalham por um espectro imenso, desde quais dispositivos de produtividade pessoal sua organização usará para quais sistemas e pessoal distribuir para garantir que sua organização fará negócios eficazmente ao redor do mundo.

A complexidade dessas tendências está aumentando – em alguns casos, exponencialmente – e temos falta de líderes de tecnologia de negócios qualificados para lidar com elas. Como resultado, a demanda por liderança avançada explodirá. Uma olhada em apenas alguns fatores-chave, que você terá de enfrentar nos anos à frente, explicará o porquê.

A Empresa Hiperconectada

À medida que a economia informática assume seu papel permanente, a organização do século 21 emerge, uma organização que existe dentro de um ecossistema complexo, repleta de inúmeras intersecções e interdependências entre fornecedores, compradores e clientes no mundo todo. A analista da Gartner, Diane Morello, chama esta de *empresa hiperconectada*, e é fácil ver por quê.

Vamos começar com o óbvio. Há mais relacionamentos de terceirização, parcerias e *joint ventures* do que antes. O aumento na conectividade e interdependência, estejam estas focadas no estímulo da demanda ou na provisão de mais canais para comercializar os produtos da empresa, é descontrolado. Quando você soma tudo isso, não é uma hipérbole dizer que nunca antes vimos este tipo de interconectividade entre as partes interessadas.

À medida que esta tendência se desenrola entre as empresas de todos os tipos, seu trabalho, como mostra a figura 1-1, fará, cada vez mais, parte de um ecossistema que está além de seu controle direto.

Como você funciona neste novo ambiente? Você começa, como deixou claro o CIO da Kimberly-Clark, Ramón Baez, forçando relacionamentos mais próximos com seus principais parceiros, dentro e fora de sua organização:

> Uma vez que terceirizamos e lidamos com várias partes interessadas, é importante que eu faça com que nossos parceiros fiquem tão entusiasmados com a Kimberly-Clark quanto as pessoas na organização. E eu preciso ser bastante colaborativo com eles também. Se eu não for, será difícil influenciar algumas das direções que precisamos ir.

Nos próximos anos, será até mais importante lidar com as pessoas de fora da corporação. Portanto, com o que estou lidando agora – e espero estar lidando ainda mais à medida que avançamos – é administrar os relacionamentos diversos, dentro e fora de nossa empresa. É um enorme desafio para muitas pessoas. Assim, o que estou tentando demonstrar para meu pessoal de TI é que, embora seja verdade que eles precisam ter experiência em tecnologia, eles realmente precisam dominar a habilidade de administrar relacionamentos diversos.[6]

FIGURA 1-1

A empresa hiperconectada

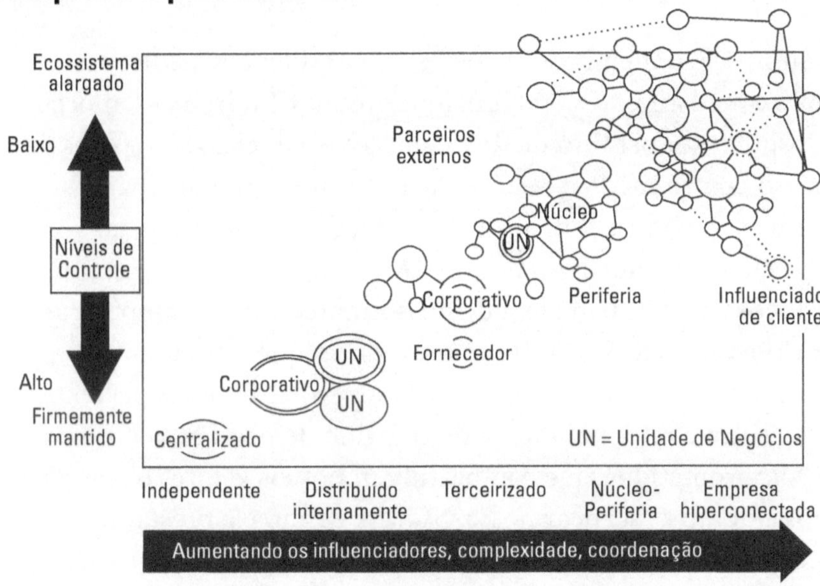

Fonte: Adaptado de Diane Morello e Colleen Young, "The Big Bang: Demand for Advanced Leadership Explodes in the Connected World", apresentação na conferência da Gartner, outubro de 2008.

Este é um tópico importante. Enquanto você sempre teve de fazer o trabalho através de outras pessoas, as "outras pessoas" se expandiram radicalmente e estão cada vez mais independentes e fora de seu controle direto. Dada a complexidade crescente de como os negócios serão feitos no futuro, o comando e controle tradicionais estarão mortos. Você terá de alcançar resultados através de sua habilidade para influenciar as pessoas. (Isto obviamente exigirá um novo conjunto de habilidades. Falaremos mais sobre esses conjuntos de habilidades nos capítulos 3 a 7.)

Mas, antes de seguirmos em frente, é importante que não façamos o erro de achar que essa empresa altamente complexa, hiperconectada, existe apenas para as empresas globais da *Fortune* 100. É uma tendência que vimos por todas as empresas e negócios. No início deste capítulo, mencionamos Dean Harrison. Você não acharia que um sistema hospitalar geograficamente restrito para Chicago seria tão complexo assim. Mas a realidade é que essa empresa reflete a maioria delas, independentemente do tamanho. O Harrison descreve a rede de relacionamentos de negócios no Northwestern Memorial:

> Temos 1.600 membros docentes, 750 residentes médicos e aproximadamente 7.000 funcionários. O Children's Memorial Hospital e o Instituto de Reabilitação de Chicago são partes de nosso centro médico, sendo que todos nós compartilhamos a afiliação clínica com a Escola de Medicina Feinberg da Universidade Northwestern. Além disso, outros relacionamentos críticos se estendem além de nossos parceiros no campus para incluir vários fornecedores e provedores que nos ajudam a proporcionar o atendimento mais seguro aos nossos pacientes e recrutar e reter uma força de trabalho de pessoas talentosas e comprometidas, que compartilham nossos valores e que nos ajudam a alcançar nossa visão. A gestão e a prestação de atendimento médico são um ambiente complexo e se beneficiam de relacionamentos sólidos.

A necessidade pelas habilidades avançadas de liderança de pessoas descrita por todo este livro se tornará mais crítica. O ambiente mais complexo exporá a falta de liderança como nunca visto antes. As organizações estarão procurando não apenas pessoas que se sintam confortáveis com a complexidade aumentada que eles enfrentarão, mas também por aquelas que realmente conseguem prosperar neste tipo de ambiente. Elas precisam de executivos que possam estabelecer a direção, em vez daqueles que dirigem. Que possam inspirar e motivar uma equipe diversa além de seu controle imediato. Que consigam liderar de maneira participativa para promover o verdadeiro comprometimento e lealdade para com as metas comuns. Que consigam estabelecer uma visão compartilhada e, em seguida, executar através das fronteiras.

Como explica Cooper da Toyota: "estamos entrando em um futuro de mudanças globais bastante rápidas. No passado, a TI era um provedor de serviços e era julgada por quão bem ela podia apresentar uma solução que fornecesse o que a empresa queria a um preço razoável. Mas, à medida que a linha entre empresas e TI começa a embaçar, a pergunta será quão bem a TI consegue representar a empresa por toda a cadeia de suprimentos, para usar apenas um exemplo, não apenas quão bem ela desempenha em seu silo individual".

Globalização

Estamos apenas começando a entender a complexidade extrema de um mercado verdadeiramente globalizado. Com o aumento da conectividade, possibilitado pela TI e pela Internet, muitas barreiras, as quais anteriormente restringiam o comércio mundial, as comunicações, o emprego e o discurso social, foram removidas. Embora o investimento multibilionário da última década em rodovias de fibra óptica e satélites tenha tornado o mundo mais achatado e menor, as práticas administrativas estão sofrendo para acompanhar o ritmo. As abordagens tradicionais são altamente estruturadas para fazer face com o ambiente em rápida mudança de uma economia global.

Novos fatores de sucesso exigirão um estilo de liderança mais participativo para navegar em um mundo achatado. O sucesso demandará um ambiente culturalmente sensível que foca no trabalho em equipe entre as operações internas e os constituintes externos.

O CIO da Ford, Nick Smither, nos forneceu uma excelente janela nessas tendências quando ele explicou como eles estavam representando durante a implementação da estratégia de negócios da Ford ONE, a qual pede um modelo de negócios mais integrado e alavancado globalmente. Como Smither nos disse, para que a organização de TI contribua para esta estratégia: "precisamos ser capazes de otimizar os recursos mundialmente; sejam eles nossos centros de dados, nosso pessoal e equipes distribuídas ou processos de negócios possibilitados pela TI, como o desenvolvimento global de produtos. Isto coloca um prêmio nas pessoas que conseguem liderar e motivar resultados em nível global, pessoas que conseguem trabalhar com outras pessoas transcendendo os fusos horários e culturas para obter o melhor de equipes diversas espalhadas. Obviamente, existem habilidades bastante escassas".[7]

Em resposta a esta necessidade comercial, Smither está alavancando os programas de desenvolvimento de talentos duradouros da Ford (projetado para desenvolver excelência de TI funcional e astúcia nos negócios), adicionando uma ênfase nas competências globais. Por exemplo, as pessoas estão recebendo tarefas de desenvolvimento com durações mais longas (de dois a três anos); tarefas de "aprendizado" com duração média (normalmente seis meses onde, por exemplo, um associado da Índia seria enviado para os Estados Unidos para ganhar experiência lá); e tarefas de "acompanhamento" de curta duração (normalmente uma semana, onde um associado da Europa viajaria com um executivo da Ásia para obter *insight* naquela parte da empresa e cultura).

"O desenvolvimento de nosso pessoal e a certificação de que eles têm as competências-chave exigidas por nossa estratégia de negócios – como conseguir produzir globalmente – é absolutamente importante para nosso sucesso sustentável e habilidade de adicionar valor", diz Smither.

À medida que as organizações se tornam cada vez mais globais – através de expansões, *joint ventures* e terceirizações –, o executivo de TI precisará desenvolver habilidades de liderança que transcendam as fronteiras organizacionais, culturais, e tempo e distância. A chave para a liderança eficaz do século 21 será aprender não apenas como sobreviver, mas também como capitalizar nesta diversidade global.

Michael Kollig, CIO regional do Grupo Danone baseado em Paris, o qual está "comprometido em proporcionar alimentos saudáveis mundialmente", concorda: "Por trabalhar com culturas diferentes, é minha tarefa, e da minha organização, ser relevante para os outros, independentemente de onde eles estejam ou no que minha organização está envolvida. Eu me forço a isso e exijo que meu pessoal mantenha a ênfase nas comunicações, abertura, sensibilidade cultural e apreciação pelas necessidades singulares".[8]

As inferências para o executivo de TI são claras. A combinação e alavancagem das habilidades de operações globais e culturas variadas exigirão um conjunto elevado de aptidões de liderança que sejam ricas em sensibilidade cultural e tenham a habilidade de desenvolver propósitos compartilhados, visão e valores entre os vários fusos horários e culturas.

Expectativas dos Clientes em Evolução

As expectativas que seus clientes internos (isto é, seus colegas) têm sobre o que a tecnologia deveria fazer estão mudando. Este é o caso principalmente entre as Gerações X e Y, aqueles entre os quarenta e começo dos vinte.

Eles têm exigências diferentes a respeito da tecnologia, das comunicações, da colaboração baseada na tecnologia, no acesso às informações e no consumo... e a lista segue. Esta conclusão nos foi mostrada quando perguntamos a um membro da Geração Y, que parece ter um *smartphone* implantado em sua mão esquerda, se ele viu o valor do e-mail. Ele pausou um pouco e eventualmente respondeu sim, "para enviar mensagens de agradecimento para os pais de meus amigos".

Esses colegas, muitas vezes chamados de nativos digitais, que acataram a facilidade de uso e experiências enriquecidas com informações de amazon.com, Google, eBay, Facebook, Twitter, e outros, são usados para comunicação quase que instantânea, graças a coisas como mensagens de texto, e estão aumentando a demanda por esses tipos de experiência em suas vidas profissionais. Se eles conseguem achar virtualmente qualquer coisa que precisam com alguns cliques durante suas folgas, por que leva tanto tempo para acessar os dados que eles precisam no trabalho?

Do nosso ponto de vista como um líder de executivo de TI, esta nova geração desenvolve tanto oportunidades ricas quanto desafios significantes em um espectro extremamente amplo. Você não precisa apenas prover o tipo de ambientes de produtividade pessoal e colaborativo nos quais eles cresceram, mas, muito mais importante, adaptar seu estilo de liderança para fazer com que eles façam seus melhores trabalhos. Eles não respondem muito bem às abordagens hierárquicas, ao acúmulo de informações e a serem confinados a silos. E eles acreditam – corretamente – que é tolice você esperar que eles ignorem o que eles sabem sobre a próxima geração de clientes (uma vez que eles são um membro deste grupo), apenas porque eles trabalham em TI, e não em marketing.

Independentemente de quantas dessas tendências afetam nossa empresa, como executivo de TI você deve ser capaz de influenciar outras pessoas e empurrá-las em direção à ação correta, independentemente de sua geografia, colocação no organograma da empresa ou opinião sobre a tecnologia. E o comprometimento com a liderança de pessoas é a principal etapa para fazer isso, como você pode ver na figura 1-2.

FIGURA 1-2

O compromisso com a liderança de pessoas abre o valor potencial total da organização para produzir resultados

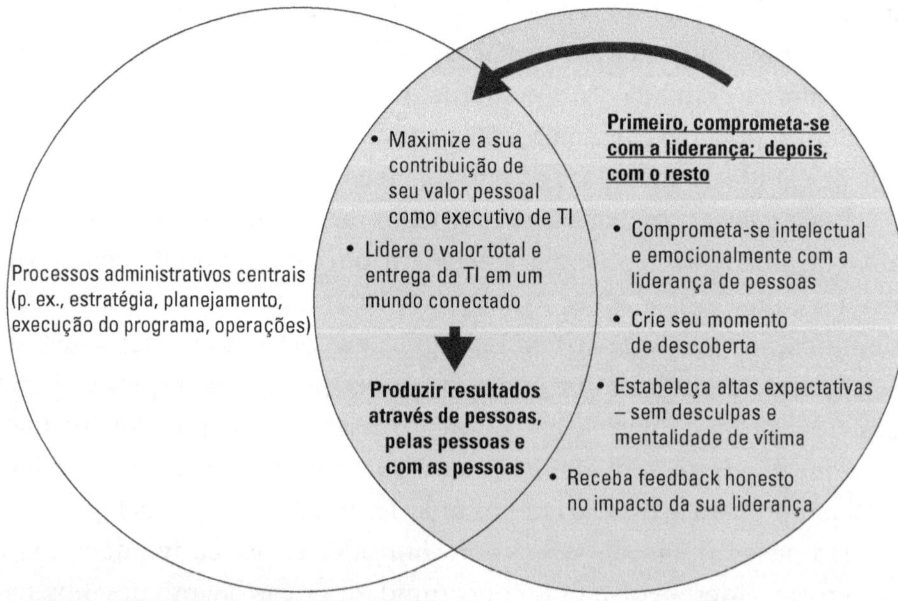

CHAMADA PARA AÇÃO

Se você tem meios de seguir em frente até que a liderança esteja em primeiro lugar e o resto em segundo, considere as dicas seguintes para o desenvolvimento:

TORNE-SE CIENTE DE COMO AS PESSOAS TE VEEM. Busque *feedback*, escute e tome medidas. Embora seja preciso coragem para executar essas etapas, e elas poderão te fazer sentir vulnerável, a autopercepção de como as outras pessoas o veem (ou não o veem) como um líder é um ponto de partida importante. Parte do processo, muitas vezes, é encontrar um mentor de confiança, alguém que você respeite e que possa ser extremamente honesto com você.

SAIA DO SEU ESCRITÓRIO. Melhor ainda, livre-se dele. Amplie seu círculo de contatos e relacionamentos o máximo possível. Isso não é desenvolver relacionamentos pelo próprio bem do relacionamento. Mais e mais você dependerá de uma rede vasta e em mudança de relacionamentos para realizar metas e fazer da sua visão uma realidade. O processo leva tempo. Invista agora.

REAJUSTE SEU FOCO E ALOCAÇÃO DE TEMPO. Se você for consumido com tarefas administrativas de TI e reagir às questões, reúna coragem para quebrar o ciclo. Comprometa-se em dividir o tempo que você precisa para poder liderar – o papel principal daqueles ao seu redor que precisam jogar. Bloqueie o tempo dedicado em seu calendário para aprimorar e aplicar as sete habilidades de liderança descritas neste livro.

EXPERIMENTE NOVAS LENTES. Como um profissional experiente, você provavelmente aprendeu a ver os desafios e oportunidades através de lentes duplas de tecnologia e negócios, mas e as pessoas? À medida que você encontra novas situações, afaste-se e as veja do ponto de vista de "Quais são as implicações aqui de uma perspectiva de liderança de pessoas?" Compare este ponto de vista com o que você vê de outras perspectivas, e veja se novos *insights* começarão a emergir.

RESUMINDO

O diferenciador-chave entre os executivos de TI com o melhor desempenho e os comuns é o seu compromisso com a liderança (manifestada pela sua habilidade de exceder as expectativas e motivar valor).

A liderança correta de pessoas não apenas produzirá excelência operacional, mas também liberará o valor total potencial da TI e basicamente levará ao seu sucesso como executivo de TI. De fato, em vista das tendências macro discutidas anteriormente neste capítulo (e sua complexidade associada e interdependências), é a única maneira de fazer bem o seu trabalho.

Em outras palavras, a única maneira de fazer seu trabalho com sucesso é através das pessoas. Se você não é alguém que direciona e inspira outras pessoas para fazer com que o trabalho correto seja feito, você, definitivamente, fracassará.

Você precisa se comprometer verdadeiramente, em um nível profundo, emocional, a liderar através das pessoas, em vez de simplesmente captar este ponto intelectualmente. Tem muita coisa para você fazer sozinho.

A responsabilidade primária do executivo de TI *não* é ser o principal especialista em tecnologia. É exceder as expectativas de negócios e maximizar a contribuição de valor da TI. Aqueles com o melhor desempenho entendem que a única maneira de alcançar ambos é através das pessoas, um foco implacável e apaixonado nas pessoas.

Não é fácil fazer o comprometimento para com a liderança em primeiro lugar, mas todos os executivos de TI com os melhores desempenhos disseram que o esforço vale muito.

2

LIDERE DIFERENTEMENTE DO QUE VOCÊ PENSA

PENSE ANALITICAMENTE, AJA DE FORMA COLABORATIVA

É um exemplo bastante simples, mas é um ponto extremamente importante. Veja como Stephen Fugale explica como ele fez a mudança mental de saber exatamente o que precisava ser feito e seguir em frente a determinar um curso de ação que garantiria que a solução correta não apenas seria implementada, mas também seria acatada.

> *Eu havia mudado de setor, indo de seguro e benefícios trabalhistas na CIGNA Group Insurance, para me tornar CIO na Villanova University.*
>
> *Uma vez lá, ficou aparente para todos que nosso sistema de telefonia precisava ser substituído. Eu tinha em mente algo que achava que seria uma solução excelente. Vindo do setor que eu vim, e do papel que eu tinha lá, eu acreditava ter credibilidade pessoal suficiente e know-how tecnológico que se eu pegasse um sistema de telefonia e o recomendasse às pessoas que teriam de aprová-lo, este provavelmente teria sido autorizado. Mas, em vez de agir por conta própria, eu criei um comitê consultivo composto de pessoas influentes de todas as partes da universidade que usavam muito o*

telefone. Essas eram pessoas que tinham credibilidade pelo campus. Nós no departamento de TI fizemos nossa devida diligência, e periodicamente eu atualizava e apresentava nossas descobertas para eles.

O que eu estava fazendo era me envolver com as pessoas que eram de confiança por toda a universidade, pessoas que eu achava que ajudariam a comunicar a todos que havíamos tomado a decisão certa.

Eu fiz com que elas revisassem os requisitos. Deixei que elas soubessem quem estávamos eliminando e por quê. Eles não fizeram nenhuma das verdadeiras diligências devidas, visitando os fornecedores ou o que quer que fosse. Mas eu os engajei.

Se eu não tivesse feito tudo isso, teríamos recomendado o mesmo sistema? Provavelmente, sim. Mas a decisão poderia não ter sido aceita. As pessoas que não foram consultadas poderiam ter objetado porque elas se sentiriam desprezadas. Outras poderiam ter reclamado simplesmente porque estávamos fazendo algo novo. E, certamente, alguém influente teria tentado retardar a decisão porque estava convencido de que tinha uma ideia melhor.

Mas porque agimos da maneira que agimos, nada disso aconteceu. Uma vez que chegamos à decisão e implementação, esta foi uma das transições mais fáceis que esta comunidade, tradicionalmente adversa à mudança, havia passado.[1]

AQUI ESTÁ A NOVIDADE que não vai parar as prensas: o mundo está ficando mais complicado, digitalizado e hiperconectado, e assim a demanda por executivos de TI que são tecnologicamente astutos nunca foi maior. Observe que o executivo de TI com alto desempenho tem de saber mais sobre tecnologia, mas ele precisa ter a base e experiência em alguns aspectos importantes da gestão da TI. Um executivo de TI, com sua equipe, precisa definir o que é tecnicamente viável e quando; determinar o que é preciso para implementar a tarefa em questão; administrar os riscos ao longo do caminho; minimizar custos e maximizar o desempenho; e, mais importante, demonstrar as inteligências para combinar o *know-how* tecnológico com a astúcia nos negócios para entender o que é verdadeiramente importante.

E, ainda assim, simplesmente ser inteligente e tecnologicamente astuto não é o suficiente. Embora os executivos de TI com alto desempenho possam, de fato, pensar e desenvolver as absolutamente melhores armadilhas de *mouses*, logo aprendem que eles não podem liderar ao simplesmente saber as melhores respostas. As pessoas raramente são motivadas pela solução elegante de outra pessoa. Elas são inspiradas quando se sentem incluídas e conectadas a uma visão com a qual elas se relacionam, quando elas acreditam que estão contribuindo para algo que vale a pena, algo maior do que eles.

O que tudo isso significa é que a inteligência superior que o trouxe até aqui (para uma posição de liderança sênior dentro do departamento de TI) não o levará até lá – para um emprego em que você possa influenciar toda a empresa para a melhor tecnologia alavancada para vantagem nos negócios. Para alcançar essa meta, você precisará liderar com um estilo diferente de como você pensa, como mostra a experiência de Fugale. Os melhores executivos de TI descobriram como fazer isso. E, igualmente importante, eles aprenderam – muitas vezes de maneira difícil – que a inteligência apenas não é o suficiente. Você precisa mais do que inteligência para resolver problemas como as trocas envolvidas na maximização de uma unidade de negócios e desempenho da empresa, ou recursos limitados, ou demandas conflitantes das várias partes interessadas. Portanto, não nos surpreende que a nossa pesquisa mostre um executivo de TI com alto desempenho como um profissional inteligente, tecnologicamente astuto que também tem habilidades interpessoais criticamente importantes e altamente desenvolvidas, necessárias para fazer o trabalho eficazmente.

A combinação de raciocínio extremamente eficaz com habilidades interpessoais estelares soa virtualmente impossível. E o seria, exceto por uma coisa fascinante: os melhores executivos de TI lideram de modo diferente de como eles raciocinam. Embora usem suas habilidades analíticas superiores para derivar a melhor solução possível, eles agem de forma colaborativa. Eles procuram as pessoas para ganhar ideias adicionais que ajudam a reforçar, refinar e melhorar as conclusões que emergiram de suas próprias análises. É claro que, como resultado dessa inclusão, eles também estão direcionando e influenciando outras pessoas para que se juntem a eles.

ASTÚCIA TECNOLÓGICA AINDA IMPORTA

Dado nosso foco em liderança de pessoas por todo este livro, a pergunta válida é se os executivos de TI superiores ainda precisam de uma fundação tecnológica sólida. A resposta curta é sim. Nossas entrevistas com os executivos de TI com melhor desempenho revelaram que um elemento que complementa sua tomada de decisões é sua base em tecnologia.

Entre os executivos de TI com melhor desempenho que entrevistamos, mais de 90% tinham papéis relacionados à TI no início de suas carreiras, o que os deu a base para entender como todas as peças se encaixam. Hoje, nenhum deles poderia codificar bem se eles tivessem de fazê-lo, mas eles entendem e têm experiência em fazer com que redes, aplicativos, processos comerciais, fornecedores e pessoas trabalhem juntos. Eles têm a astúcia tecnológica para diferenciar propaganda de realidade, para comandar o respeito da equipe de TI e para entender como alavancar a tecnologia para vantagem nos negócios. Essa fundação proporciona contexto para sua habilidade instintiva de sintetizar a vasta complexidade e inúmeras opções em soluções ótimas voltadas para os negócios.

O resultado-chave é este: com os aumentos dramáticos no ritmo da mudança e a complexidade do ambiente operacional para o executivo de TI, uma base sólida em tecnologia é absolutamente necessária.

Entre os executivos de TI com o melhor desempenho, há muito comportamento aprendido. De fato, eles muitas vezes precisam suprimir ativamente sua inclinação inicial de liderar com a melhor armadilha de *mouses* (isto é, uma solução intelectualmente eloquente). Em vez disso, eles pegam o tempo extra e esforço para incluir outras pessoas, muitas vezes moldando e refinando a conclusão ao longo do caminho. Nem todos tomam esse curso de ação naturalmente – ou mesmo gostavam de fazê-lo inicialmente –, mas os executivos de TI excelentes vieram a entender que eles tinham de fazê-lo.

Como nos disse Stein Tumert, CIO do Burger King Europa, Meio Oeste e África: "Se você vai criar algo novo que será abraçado pelos outros, você precisa ser capaz de se relacionar com outras pessoas e construir relacionamentos que as possibilitem verdadeiramente de se abrir e compartilhar suas melhores ideias, as quais têm o potencial de melhorar substancialmente por conta própria". Esta nem sempre foi a abordagem de Tumert. Logo no início de sua carreira, ele descobriu que nem todos estavam dispostos a segui-lo: "Mesmo se eu tivesse a melhor ideia ou habilidades de contador de histórias". Ao trabalhar com um instrutor (*coach*), ele percebeu a necessidade de dramaticamente mudar a maneira como ouvia. "No passado, quando alguém falava, eu imediatamente começava a formular uma resposta, em vez de ouvir. Um instrutor me ajudou a entender que ouvir não era apenas esperar para falar. Aprender a ouvir foi uma maneira que aprendi para obter, mais efetivamente, o melhor *input* de todo mundo".[2]

A experiência de Tumert é típica de muitos executivos de TI que nos estágios iniciais de suas carreiras eram respeitados e recompensados pela sua inteligência e esperteza técnica. Mas, à medida que amadureciam e começavam a subir de posição, eles perceberam que ser inteligente não era o suficiente para fazer com que as coisas fossem feitas. E, assim, eles evoluíram de liderar pelo intelecto para liderar por meio do desenvolvimento e emprego de habilidades humanas. Eles passaram a perceber que, embora seja criticamente importante ser intelectualmente inteligente, esta não é a estratégia mais eficaz para fazer com que as pessoas os sigam.

É uma transformação fascinante – e vitalmente importante. Vamos passar um tempo explicando como e por que isto poderá acontecer de forma que você também possa se beneficiar.

EXECUTORES DE ALTO NÍVEL: PENSADORES CRIATIVOS E COMPLEXOS

Se você está para dizer que os melhores executivos de TI lideram diferentemente de como eles raciocinam, seria útil entender realmente como eles lideram e como eles pensam. A Korn/Ferry International

(KFI) dedicou recursos significantes para explorar o que diferencia o pensamento dos estilos de liderança dos executores de alto nível. A empresa avaliou mais de 1,4 *milhão* de executivos e desenvolveu uma referência empiricamente sólida para identificar um executor de alto nível. (A KFI define um executor de alto nível como aquele que, estatisticamente, tem um desempenho melhor do que seus colegas em progressão de carreira e salário dentro de empresas de alta qualidade e que estabeleceram um histórico para exceder as expectativas ao fazer com que seu pessoal entregue soluções de alto valor para a organização.)

UMA PERGUNTA POTENCIALMENTE PERTURBADORA

Todos nós temos épocas em que acreditamos que realmente entendemos a situação e sabemos exatamente como algo deve ser feito (uma abordagem específica à governança, uma priorização de gastos de capital, uma solução de software escolhida), e ainda assim não conseguimos fazer com que as outras pessoas prometam seu apoio total. Se esta é uma descrição de você até agora, faça a si mesmo a seguinte pergunta: o meu estilo de liderança foca a criação da solução perfeita (por exemplo, a melhor armadilha de *mouse*) ou facilitar uma solução que verdadeiramente será acatada e executada para motivar os resultados?

Os executores de alto nível demonstram padrões distintos de pensamento e liderança. Começaremos com seu estilo de pensamento.

O estilo de pensamento é definido em termos de como os indivíduos chegam a uma decisão quando eles estão sozinhos, não são observados ou com um grupo bastante fechado de colegas. A pesquisa mostra que os estilos de pensamento diferem ao longo de duas dimensões fundamentais. (figura 2-1):

1. Como as pessoas usam os dados apresentados a elas: apenas o suficiente (de baixo a moderado) ou o máximo possível (alto).
2. Como eles fazem para criar opções a serem seguidas: focando uma solução simples (foco único) ou muitas soluções possíveis (múltiplos focos).

Na intersecção de cada categoria de uso de informação e foco na figura 2-1, surge um estilo de pensamento diferente. Por exemplo, os pensadores complexos buscam altas quantidades de informações e têm um foco único em busca de suas soluções. Você também perceberá que os diferentes estilos de liderança também são representados na figura; falaremos sobre esses mais adiante no capítulo. Por ora, vamos nos aprofundar em cada um dos estilos de pensamento.

FIGURA 2-1

Uso de informações contra foco nos estilos

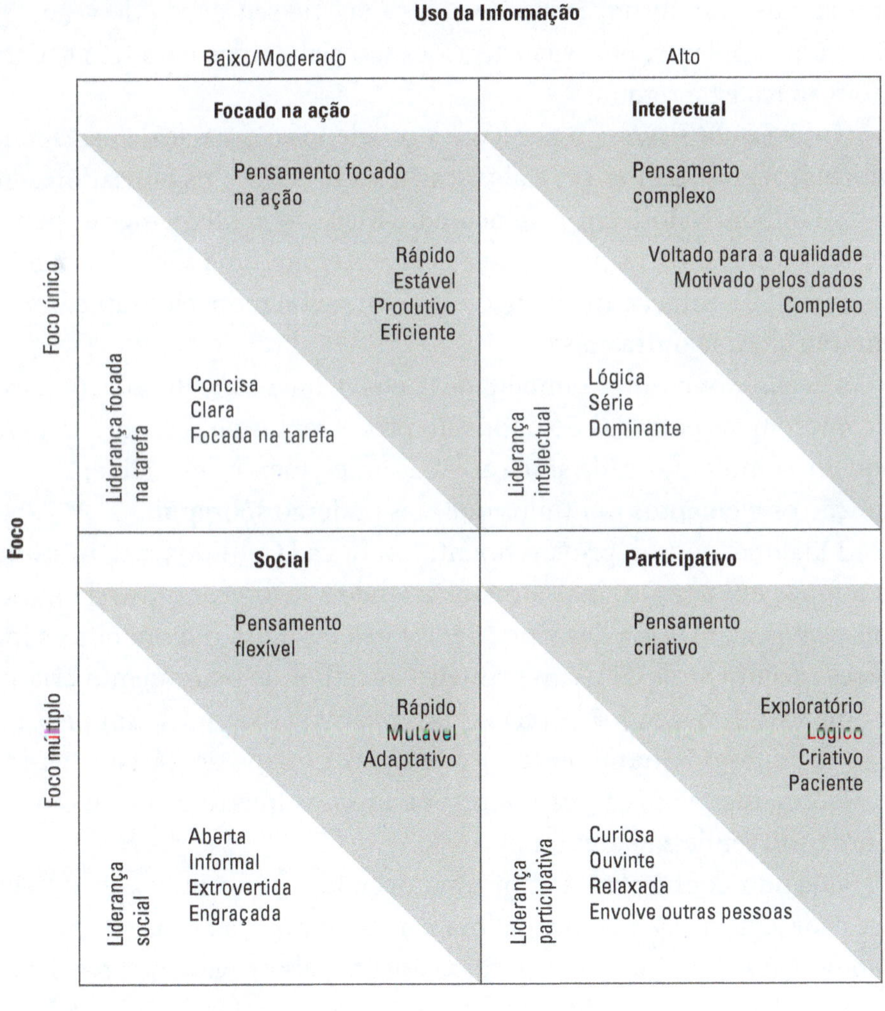

Fonte: Korn/Ferry International

Um *pensador focado na ação* usa informações suficientes para tomar uma decisão. Essa pessoa se movimenta em direção a uma decisão rapidamente, toma-a e segue em frente para a próxima tarefa. As pessoas que empregam esse estilo valorizam velocidade, eficiência e consistência. Após ter tomado a decisão, elas ficarão firmes a esta até que evidências esmagadoras mostrem que ela precisa mudar.

Um *pensador complexo* também está focado no desenvolvimento de uma solução singular, mas esses pensadores assimilam muito mais informações, de uma variedade de fontes. Eles não puxam o gatilho até terem considerado todas as opiniões. Como resultado, leva mais tempo para eles decidirem um curso de ação, mas, de seu ponto de vista, isto não é um problema, pois suas decisões são elaboradas para não sucumbirem ao teste do tempo.

O *pensador flexível*, assim como aquele focado na ação, usa apenas informações suficientes para alcançar uma decisão – os pensadores flexíveis também valorizam a velocidade. Mas, diferentemente do pensador focado na ação, os pensadores flexíveis criam uma série de soluções possíveis. Se a solução inicial não estiver funcionando, eles rapidamente tentarão alguma outra coisa.

O *pensador criativo* também desenvolve uma série de soluções, mas usa muito mais entradas de dados no processo. Os pensadores criativos tendem a emoldurar cada situação mais amplamente, levando em consideração os elementos múltiplos que eles poderão sobrepor.

Qualquer pessoa provavelmente usará cada um dos quatro estilos de tempos em tempos, mas a maioria tende a favorecer o uso de um ou dois estilos na maioria das situações. Nossa pesquisa mostra que os melhores executivos de TI usam primeiro os estilos de pensamento criativo e complexo. A figura 2-2 revela o peso relativo (1 significa um pequeno grau de ênfase; 7, muita ênfase) que os executivos de TI com os melhores desempenhos colocam em cada um dos quatro estilos e o que a abordagem tende a aparentar em ação.

Quando confrontados com uma decisão, os executivos de TI com esse padrão de pensamento equilibram a abertura para novas informações com perfeição e paciência na verificação, uma abordagem que resulta em confiabilidade no foco. Eles também se sentem confortáveis para tomar decisões em vista da ambiguidade. Essencialmente, eles podem e querem obter o máximo possível de informações, sintetizando várias opiniões do mesmo problema e chegando a uma série de conclusões.

FIGURA 2-2

Estilo de pensamento de CIOs com alto desempenho

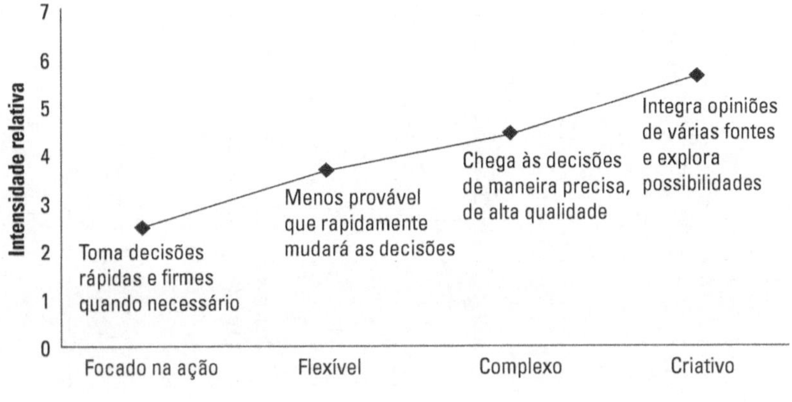

Fonte: Korn/Ferry International

Isso significa que os executivos de TI mais eficazes solicitam opiniões de uma ampla variedade de colegas, subordinados, superiores e partes interessadas externas (assim você pode ver porque suas *soft skills* são tão importantes), enquanto também sintetizam as opiniões da economia no geral, da cultura da empresa, da indústria da tecnologia, da indústria da empresa e das tendências sociais, para criar um conjunto amplo de soluções. A partir daí, os executivos de TI escolhem o que eles consideram a melhor solução e ficam firmes com ela, até que mudanças significativas nos dados mostrem a necessidade de mudar.

Como você pode ver na figura 2-3, as tendências de pensamento dos executores de alto nível diferem significantemente da daqueles executores de baixo nível. Uma ênfase relativa nos estilos de pensamento complexo e criativo é muito maior no grupo com alto desempenho. Os estilos de pensamentos são agrupados mais próximos para os executores com baixo desempenho, os quais também têm a tendência de fazer mais uso do estilo de pensamento focado na ação.

FIGURA 2-3

Estilos de pensamento por nível administrativo

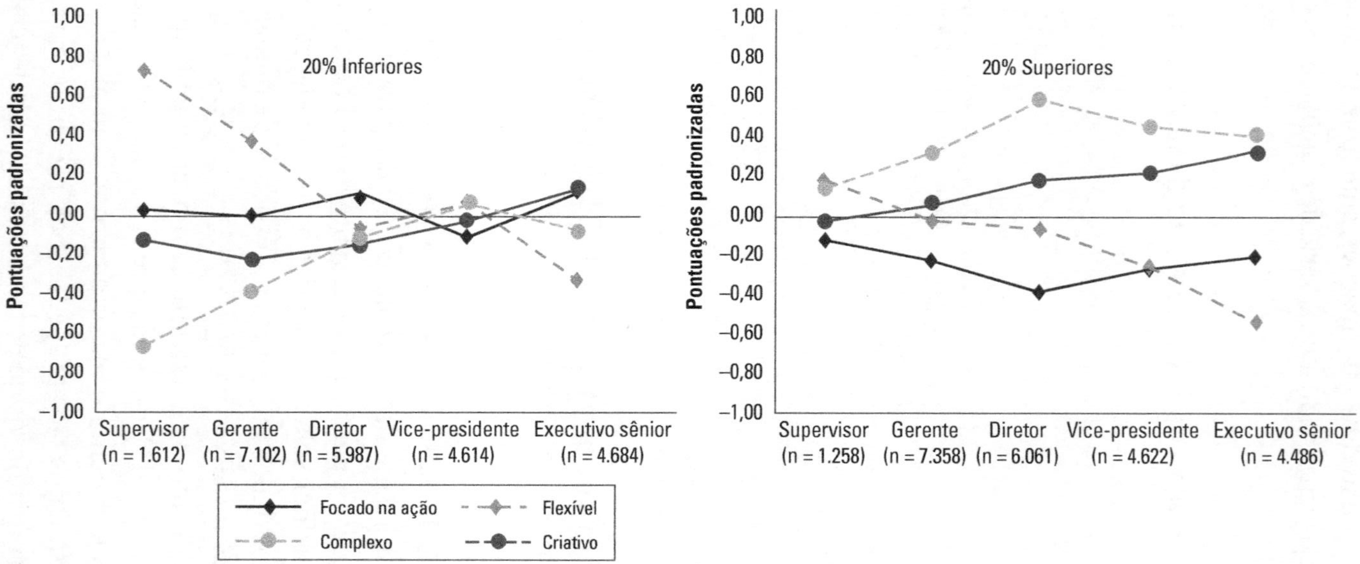

Fonte: Korn/Ferry International

A figura 2-3 também ilustra como o estilo de pensamento dos executores de alto nível evolui com o passar do tempo. Durante o curso de progressão de suas carreiras, o uso dos estilos de pensamento complexo e criativo dos executores de alto nível gradualmente aumenta, ao passo que o uso dos estilos de pensamento focado na ação e flexível diminui. Em contrapartida, os estilos de pensamento dos executores de baixo nível gradualmente se "afunilam" em uma mistura não diferenciada.

Armados com esse entendimento sobre como os melhores executivos de TI pensam, vamos seguir em frente sobre como eles lideram.

EXECUTORES DE ALTO NÍVEL: LÍDERES SOCIAL-PARTICIPATIVOS

O *estilo de liderança* é como um executivo desenvolve uma decisão quando em público ou quando ele sabe que está sendo observado. Assim como os estilos de pensamento, os estilos de liderança diferem em como as pessoas reúnem e usam as informações e como elas desenvolvem soluções. Esses estilos também se encaixam em quatro categorias.

Um líder *focado na ação* usa comunicações claras e concisas e declara as expectativas explícita e sucintamente. O líder expressa opiniões cândida e diretamente. Ele foca as tarefas imediatas, motivando resultados e focando uma solução única.

Um líder *social* é acessível. Ele está sempre solicitando a opinião dos outros e cria um ambiente informal e interativo. Esses líderes motivam a criação de relacionamentos funcionais cruzados e usam humor para aliviar as situações tensas. Eles se sentem confortáveis com muitas soluções para um único problema.

Um líder *intelectual* conta com o conhecimento e experiência e tem a inclinação de se manter firme. Esses tipos de líder comunicam expectativas detalhadas e informações. Eles se movem pela qualidade, focando uma solução "melhor", única.

Um líder *participativo* é colaborador e paciente. Ele abre a porta para pontos de vistas alternativos e adora a troca de ideias. Esse líder encoraja o consenso e motiva a inclusão. Assim como o líder intelectual, um líder participativo está confortável com o uso de grandes quantias de informação para chegar a uma conclusão. Mas, diferentemente do líder intelectual, ele encoraja a opinião de outros e está disposto a considerar várias opções.

Em ação, o padrão de liderança dos executores de nível mais alto pode ser representado como na figura 2-4.

FIGURA 2-4

Estilo de liderança de executivos de TI com alto desempenho

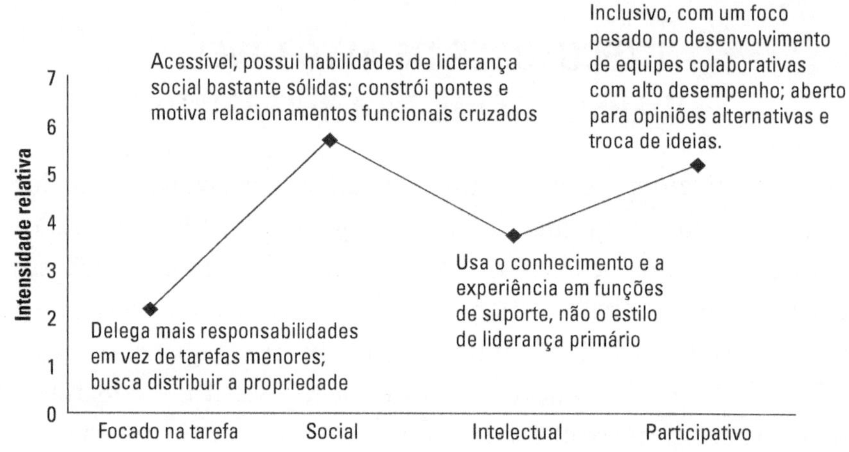

Fonte: Korn/Ferry International

Enquanto muitos executivos de TI lideram pessoas usando, até certo grau, todas as quatro características, aqueles com desempenho mais altos se classificam na extensão superior nas categorias social e participativa. Esses são fatores importantes em seu sucesso. O contrário também prova um ponto. A pesquisa mostra que os indivíduos que não têm uma boa pontuação nessas duas categorias são significantemente interrompidos quando eles tentam alcançar os níveis mais altos da organização (figura 2-5).

FIGURA 2-5

Estilos de liderança por nível administrativo

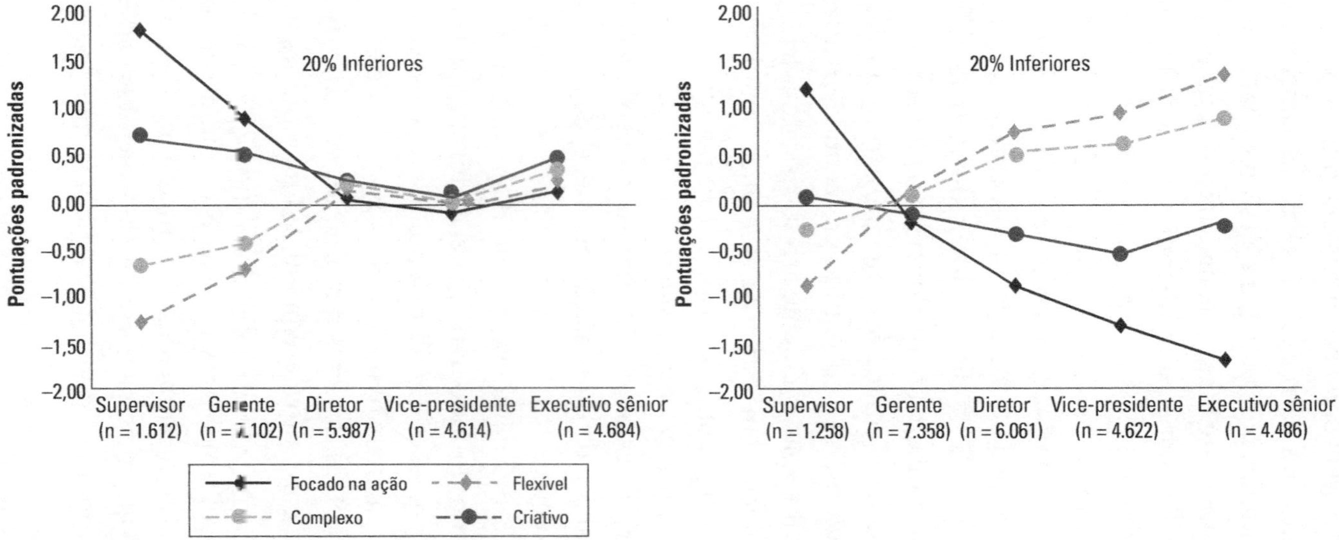

Fonte: Korn/Ferry International

A figura também ilustra que, assim como o estilo de pensamento, o estilo de liderança evolui com o passar do tempo. Os executores de alto nível começam suas carreiras nos estilos de liderança mais focados na tarefa e intelectuais, passando para o estilo social-participativo à medida que eles escalam o organograma da empresa. Quando é hora de assumirem seu primeiro papel administrativo verdadeiro, eles experimentam igualmente com todos os quatro estilos. Eles rapidamente reconhecem o poder dos estilos social-participativos, continuando aprimorando-os com o passar do tempo, ao mesmo tempo em que reduzem significantemente seu uso dos outros dois estilos. Diferentemente de seus colegas bem-sucedidos, os 20% de executivos de TI mais inferiores nunca desenvolvem profundamente qualquer estilo à medida que eles sobem de posição. A maneira como eles lideram parece mudar com o vento. O resultado é confusão e um sentido crescente de frustração com as mudanças em estilo, aparentemente arbitrárias, do líder.

Essa evolução em estilo de liderança simplesmente faz sentido, como mencionado em "*The Seasoned Executive's Decision-Making Style*", um artigo no *Harvard Business Review*, que resume a pesquisa de liderança da KFI nessa área: "À medida que você sobe na escala, mais e mais você se afasta de onde a ação acontece, de forma que é fácil perder contato com o que está realmente acontecendo na organização. É essencial usar um estilo de liderança que mantenha o canal de informação aberto e os dados fluindo livremente, de forma que você tenha acesso às melhores informações e análise. É por isso que os estilos flexível [social] e integrativo [participativo] dominam no nível de executivo sênior".[3]

Existem outros aspectos importantes do estilo de liderança de executivos de TI com alto desempenho. Em reuniões e em situações informais, onde esses líderes não estão sob pressão, eles são curiosos e relaxados, envolvem outras pessoas e escutam suas opiniões. Os executivos com alto desempenho continuamente buscam informações de pessoas como um meio para avaliar soluções alternativas e estão abertos para integrar opiniões diferentes à medida que novas informações são disponibilizadas.

Isso, porém, não significa que eles são constantemente relaxados. Embora se mantenham abertos e extrovertidos em situações com muita pressão, eles não se dão ao luxo de reunir grandes quantias de informações de muitas pessoas antes de agir. Como resultado, esses líderes mudam desse estilo de liderança participativo e curioso para uma abordagem social com um ritmo mais acelerado, o qual resulta em uma ação mais ligeira.

Mas, qualquer que seja a situação, esses executivos demonstram um estilo de liderança bastante aberto que os ajuda a se adaptar e encontrar outras pessoas de acordo com seus termos. Eles são eficazes no desenvolvimento de equipes; eles são naturais em rapidamente desenvolver relacionamentos sociais. Essa habilidade permite que os executivos de TI alcancem adesão e compromisso, adaptando-se rapidamente a novas situações, desenvolvendo equipes e alcançando resultados.

APRENDENDO A PENSAR DE UMA MANEIRA E AGIR DE OUTRA

Assim, como ficamos? Bem aqui: os melhores executivos de TI têm uma base sólida em tecnologia; eles resolvem os problemas ao solicitar uma ampla variedade de dados de muitas fontes. Eles lidam bem com a ambiguidade, verificando os novos dados completamente e com paciência antes de mudar o curso, e, como resultado, tomar decisões superiores.

Dados todos esses descritores no parágrafo anterior, esses executivos de TI são definitivamente capazes de construir as melhores armadilhas de *mouses*. Assim, seria razoável presumir que eles liderariam por meio do poder intelectual puro. Afinal, eles geralmente são bastante inteligentes, e seria natural para eles tentar liderar ao capitalizar sobre esse ponto forte.

E ainda assim, quando chega a hora de levar o grupo em direção à ação, os executivos de TI mais eficazes não seguem a rota focada no intelecto. Ao passo que os melhores executivos de TI têm um estilo de tomada de decisão complexo e criativo, capaz de produzir resultados de qualidade bastante alta, eles lideram por meio das pessoas, não por meio de suas experiências ou poder mental superior. Em outras palavras, *eles pensam analiticamente, mas agem de forma colaborativa.*

Os melhores executivos de TI aprenderam a liderar não muito diferentemente do que faziam quando estavam lá embaixo no organograma da organização, mas também bastante diferente de como eles normalmente usam seu poder mental. Eles dependem dos estilos social-participativos que promovem o compromisso para metas comuns, não apenas o intelecto.

Voltando para nossa história com Stephen Fugale, se ele liderasse da mesma maneira que pensa, ele teria anunciado a decisão no sistema telefônico após completar sua análise e, quando pressionado, mais provavelmente teria argumentado por que ela era a melhor (por exemplo, a melhor tecnologia, a melhor em termos arquiteturais, com o melhor custo). Embora ele possa muito bem estar certo, ele teria implementado um sistema que não tinha o apoio que teria obtido ao usar um estilo mais participativo.

O papel do executivo de TI é denso com desafios, politicamente cobrados, e decisões bastante complexas, onde o fracasso em reunir o suporte necessário é uma receita para o desastre. Por exemplo, quando Pascal Buffard (CIO da Axa France) foi desafiado pelo seu CEO a liderar os esforços de integração após uma grande aquisição, a abordagem que ele tomou foi crucial para o sucesso definitivo:

> Apesar de um calendário agressivo, eu sabia que teria de abordar essa decisão de maneira que as principais partes interessadas, tanto da Axa quanto da empresa adquirida, estariam envolvidas nas escolhas. Estabelecemos grupos de trabalho de profissionais em TI com a missão de levar uma recomendação para o comitê executivo em menos de dois meses. Eu instruí o pessoal da TI para que também administrassem ativamente o relacionamento com seus respectivos membros do comitê executivo.[4]
>
> Avance a fita para a reunião da diretoria: a proposta foi aceita, e fomos aplaudidos de pé. Por quê? Porque tiramos tempo para entender as motivações e prioridades mais importantes de cada membro do comitê executivo. Gastamos tempo – inclusive

> em jantares e em algumas discussões tarde da noite – para nos certificarmos de que eles estariam incluídos, para fazer com que eles patrocinassem as escolhas feitas. Não foi fácil; alguns eram da Axa e outros, da empresa adquirida. Mas basicamente tivemos bastante sucesso porque não era a minha proposta, era a proposta dos membros do comitê executivo.

Essa abordagem firmou a base para uma integração rápida e bem-sucedida. Parcialmente como resultado desse sucesso, Buffard foi promovido a diretor de operações e secretário-geral, além de suas responsabilidades como CIO da Axa France Services (processos e gestão da mudança) e Axa France Support (gestão administrativa, governança, jurídica e auditoria).

Com esses exemplos em mente, considere a figura 2-6, a qual sobrepõe os dois padrões dos executivos de TI com os mais altos desempenhos: seu estilo de pensamento (figura 2-2) e seus estilos de liderança (figura 2-4). Você pode realmente ver como os melhores executivos de TI pensam de uma maneira e, ainda assim, lideram de outra maneira. Na realidade, a lacuna entre o estilo de liderança social e o estilo de pensamento flexível correspondente é significante e significativo (por exemplo, mais do que um ponto diferente), como é a lacuna entre liderança intelectual e pensamento complexo.

Veja a linha de "pensamento" na figura 2-6. Você verá que esses executivos aparentemente chegaram a uma conclusão sobre como melhor abordar uma questão, ainda assim eles propositadamente se forçam a buscar a opinião de outras pessoas, nunca sugerindo publicamente que eles tinham a resposta. Em vez disso, publicamente, eles estão colaborando continuamente. No final, o que você mais provavelmente verá é uma solução similar àquela que eles encontraram por conta própria. Mas agora a solução evoluiu a ponto de ter a mais alta probabilidade de ser totalmente suportada e adequadamente valorizada.

FIGURA 2-6

Executivos de TI com alto desempenho pensam analiticamente e agem de forma colaborativa

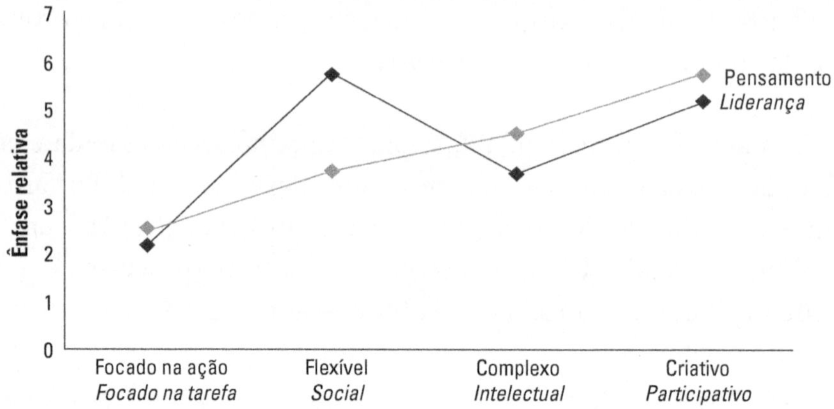

Fonte: Korn/Ferry International

Resumindo, os executivos de TI com os mais altos desempenhos seguem estas práticas:

- Eles de fato, de acordo com as palavras do título do capítulo, lideram diferentemente do que pensam. Eles têm um estilo de liderança social-participativo, ao mesmo tempo em que têm um estilo de pensamento altamente complexo e criativo.
- Eles permanecem confiantes em situações difíceis e complexas sem se tornar egoístas, por causa de sua habilidade em tolerar a ambiguidade e sua disposição em usar a experiência, inteligência, discernimentos e paixão de muitos outros.
- Eles gastam a maior parte de seu tempo engajados em atividades humanas: envolvendo outras pessoas e desenvolvendo relacionamentos para cima, para baixo e lateralmente, dentro e fora da organização. (No capítulo 4, falaremos mais sobre isso.)

Por que tudo isso é tão crítico para você? É simples. Como temos dito repetidamente, a única maneira de conseguir que o trabalho seja feito é por pessoas, por meio das pessoas e com as pessoas. E as pessoas simplesmente não darão o melhor de si se elas se sentirem coagidas ou intimidadas para assumir uma posição porque você as convenceu disso. Realmente não importa quão convincente é o seu argumento; as pessoas querem sentir que elas são parte do processo de resolução de problemas e tomada de decisões, não como se elas apenas recebessem a solução para ser executada.

Assim, os melhores executivos de TI lideram por meio da visão e do envolvimento, usando influência, não autoridade. Eles dão duro para garantir que as pessoas que eles estão liderando contribuam com a ideia – como fez o Fugale na história que iniciou o capítulo – de forma que essas pessoas sintam que elas são donas da solução. Os executivos de TI aprenderam que esta é a melhor maneira de liderar.

Como disse Beth Perlman, ex-diretora administrativa e, antes disso, CIO da Constellation Energy: "Eu tenho o poder intelectual, mas há muito tempo entendi que ser inteligente não me dava adesão. O desenvolvimento de relacionamentos profundos, sim. Afinal, como posso liderar com a melhor solução quando a maioria dos executivos de negócios não é experiente em tecnologia? Em algum ponto, eles terão de assumir riscos, isto porque eles não sabem nada sobre tecnologia, e assumem esses riscos comigo porque eu criei uma credibilidade pessoal com eles".[5]

A maioria dos executivos de TI que entrevistamos conseguiu citar um ponto específico em suas carreiras quando eles perceberam que tão importante quanto é seu conhecimento tecnológico – e vital –, pois eles precisavam passar mais tempo desenvolvendo suas habilidades humanas. Em outras palavras, eles precisavam liderar diferentemente de como eles geralmente pensavam sobre as coisas. Para muitos, esse momento de descoberta chegou pelas mãos de um grande mentor, alguém que já havia demonstrado o valor de habilidades interpessoais ávidas e liderança de pessoas. Para um subconjunto menor de executores de alto nível, o momento de descoberta é mais evolucionário. Não importa como você chega lá, contanto que chegue lá, isto porque a recompensa para você pode ser enorme.

FORNECENDO RESULTADOS E VALOR DA TI

Como discutimos, não importa quão boa seja sua ideia, quão "perfeita" seja a solução que você elaborou. Nada disso importa se outras pessoas (especialmente seus parceiros comerciais) não compartilham seu entusiasmo ou não acatam e motivam a mudança necessária para obter os benefícios nos negócios. A figura 2-7 mostra como a liderança social e participativa e o pensamento criativo e complexo se cruzam com as práticas centrais de gestão da TI para destravar e amplificar sua habilidade como executivo de TI a fim de proporcionar resultados de negócios e maximizar o valor da TI.

FIGURA 2-7

Habilidades de liderança social-participativa possibilitam a entrega colaborativa de resultados nos negócios.

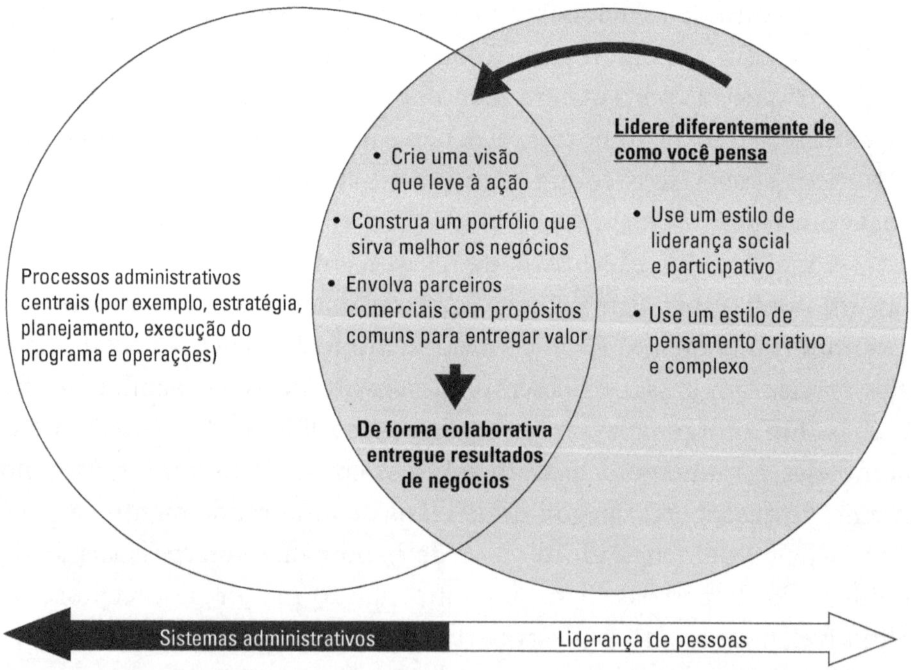

A habilidade do executivo de TI como um líder social-participativo transforma as principais práticas administrativas, aquelas que muitas vezes podem ser vistas como afazeres e não são eficazes, em bases de resultados de negócios superiores. Especificamente, os executivos de TI conseguem fornecer resultados e maximizar o valor da TI porque eles *realizam de forma colaborativa* os principais resultados.

- Criam uma visão que leva todos a um propósito comum e ação, em vez de um que se torna "software de prateleira" (isto é, algo que fica na prateleira para sempre, nunca mais é procurado).
- Desenvolvem e financiam um portfólio que sirva melhor toda a empresa, em oposição a um que sirva a engrenagem mais barulhenta.
- Engajam os parceiros de negócios, motivando-os a agir e a compartilhar o compromisso de fornecer resultados (isto é, nomear as melhores pessoas, em oposição àquelas com "tempo de sobra").
- Desenvolvem uma organização que entregue na hora e dentro do orçamento e conseguem colaborar entre as fronteiras para proporcionar os resultados de negócios necessários.

Tudo isso soa muito bom. Mas como sabemos se é o caminho certo a seguir? Como indica a figura 2-7, liderar pessoas em um estilo social-participativo, em vez de intelectualmente, significa a diferença entre sentir-se frustrado porque outras pessoas "não entendem" (ou suas grandes ideias não são adotadas, ou você é marginalizado ou isolado) e sentir-se satisfeito por fazer a diferença, reunindo outras pessoas ao redor de grandes ideias, colaborando para fazer com que elas aconteçam e definitivamente elaborando sobre as ideias e criando valor.

Claramente, se quiser se sobressair nos postos de executivo sênior, você precisa liderar diferentemente do que pensa.

CHAMADA PARA AÇÃO

Se você ainda não aprendeu a liderar de maneira diferente do seu estilo de pensamento, considere as dicas seguintes:

COLOQUE SEU ESTILO DE LIDERANÇA SOB O MICROSCÓPIO. Faça seu próprio gráfico retratando seu estilo de liderança, similar àqueles nas figuras. Os elementos do social-participativo se sobressaem em relação aos outros? Você consegue apontar exemplos vívidos de como você os aplicou e fez a diferença? Se a resposta a essas perguntas é "não", então considere não apenas o que você pode fazer para elevar esses aspectos do seu estilo, mas também como você pode reduzir um pouco da sua dependência nos estilos focados na tarefa e no intelectual.

ACRESCENTE UM TERCEIRO PÉ À SUA BANQUETA DE LIDERANÇA. Faça de tudo para ser tão hábil e qualificado em termos de liderança humana quanto você é sobre negócios e tecnologia. Reconheça que o que o trouxe até aqui não o levará até lá. Procure aquelas pessoas que já fizeram essa transição e determine o que você pode aprender com eles. Envolva-os como um instrutor confiável ou mentor.

ACATE O CONTRAINTUITIVO. Parte da liderança é deixar passar. Para seguir em frente e tornar-se um líder mais completo, você precisa mudar parte do seu tempo e energia para o desenvolvimento de habilidades sólidas de liderança de pessoas. Isso deixa menos tempo para as outras coisas. Sem problemas; suas habilidades técnicas e de negócios não irão a lugar algum. Haverá muitas oportunidades para mantê-las refrescadas e renovadas. Elas simplesmente não podem mais ser seu foco dominante.

SAIA DA SUA ZONA DE CONFORTO. Abra-se para reconhecer e aprender novas maneiras de fazer coisas como um líder. No começo, isso é um pouco assustador, e seus esforços nem sempre encontram o sucesso na primeira tentativa, mas, até aí, tudo bem. Como você sabe, muitas vezes aprendemos mais com nossos fracassos e contratempos do que com nosso sucesso. Então, procure oportunidades para aplicar o aprendizado que você obteve a novos desafios.

PERGUNTE: E SE? Por exemplo, o que você poderia ter realizado (ou quanto mais fácil teria sido realizado) se você tivesse aplicado habilidades social-participativas sólidas a um desafio? Perguntas refletivas (e avançadas) como estas o ajudarão a sair do seu modo atual de pensar sobre liderança e irá ajudá-lo a reconhecer as oportunidades para aplicar suas habilidades de liderança recém-desenvolvidas.

RESUMINDO

Não há nenhuma dúvida de que o domínio das cinco habilidades de liderança de pessoas adicionais que discutiremos nos capítulo 3 a 7 é vital para nosso sucesso como executivo de TI. Mas, se você tentar aprendê-las de maneira vazia, não conseguirá aprendê-las. Essas habilidades fluem de uma maneira diferente de liderar e relacionar – uma que, como acabamos de ver, é diferente da maneira como os melhores executivos de TI pensam. Eles não lideram com sucesso por terem desenvolvido a melhor armadilha de *mouses*. E eles não lideram através de potência puramente intelectual. Eles lideram através do estilo social-participativo, ao desenvolver os melhores relacionamentos humanos. Para a maioria dos executivos de TI de sucesso, isto é algo que eles aprenderam e evoluíram com o passar do tempo. Se você quer estar entre os melhores, precisa fazer a transição agora e aperfeiçoar seu estilo de liderança social-participativo.

3

ABRACE SEU LADO MAIS SUAVE...

(E, COMO RESULTADO, VÁ DE BOM PARA ÓTIMO)

O executivo de TI de uma empresa da Fortune 200, *que nos pediu para não usar seu nome por motivos que se tornarão claros em um minuto, liderou uma das organizações de TI com o mais alto desempenho de qualquer ponto de vista objetivo. Todos os dados mostravam que esse departamento fazia o máximo com o mínimo e tinha números sólidos de satisfação dos usuários finais.*

Ainda assim, o executivo de TI, vamos chamá-lo de John, ficou perplexo quando seu relacionamento profissional mudou repentinamente – ele foi de trabalhar diretamente para o CEO a responder para alguém, teoricamente seu colega no organograma da organização. Ele simplesmente não conseguia obter os recursos que ele precisava, e sabia que a percepção sobre seu departamento era muito abaixo do que a realidade que eles produziam.

John não conseguia entender isso. Ele havia focado grande parte de seu tempo no desenvolvimento da organização de TI – suas competências e moral – e o tinha feito com sucesso. De fato, seu CEO nos disse que ele achava que o departamento de TI era melhor no marketing e na criação de lealdade da marca dentro de seu departamento do que a imagem da empresa que seus profissionais de marketing apresentavam para o mundo. E ainda assim John e seu departamento eram vistos como cidadãos de segunda classe.

Em face dessa desconexão, John decidiu ser formalmente avaliado e participou de uma revisão de 360 graus facilitada externamente. Os resultados: John recebeu marcas extremamente altas pela maneira como ele administra o departamento, mas sua empatia com os colegas não era nem um pouco alta. Suas habilidades de comunicação com suas contrapartes também estavam em falta. Ele certamente não era um comunicador ruim, como ficou claro pelo seu impacto na sua própria organização. Ainda assim, ele simplesmente não conseguia se conectar com seus colegas fora do departamento. Eles realmente nunca entenderam sobre o que ele estava falando, o que o departamento de TI havia realizado e – mais importante – como as realizações do John os beneficiariam.

Resumindo, após sua avaliação, John contratou um instrutor de executivos e se dedicou a entender as nuanças de seus colegas de negócios – como eles assimilavam as informações, como eles tomavam decisões e como eles se viam. Em seguida, ele customizou suas comunicações com cada pessoa.

Muito trabalho? Pode apostar que sim. Mas John sabia que isso tinha de ser feito. Caso contrário, nada mudaria. Ele sabia que tinha de focar o "negócio de pessoas", e as pessoas nesse caso não eram aqueles para quem ele se reportava diretamente, mas sim seus colegas na organização.

Adiante a fita para 12 meses. John não apenas está reportando novamente para o CEO, como também foi promovido e recebeu responsabilidades sobre as operações comerciais com a TI.

A HISTÓRIA DO JOHN ILUSTRA um modelo definitivo que descobrimos ao observar os executivos de TI. As pessoas com as quais falamos podem ser divididas em três categorias amplas. Havia alguns – aqueles com desempenho mais baixo – que estavam com problemas. Eles não conseguiam lidar com as demandas diárias do emprego, e suas habilidades administrativas estavam em falta. Como resultado de ambas as falhas, eles não eram vistos com bons olhos pelos membros da alta gerência. No outro extremo, estavam os executivos de TI com alto desempenho, aqueles que mostramos por todo o livro, os líderes que são simplesmente exemplares.

E havia esse grupo enorme no meio, pessoas como John (antes de ele decidir mudar). Desculpando-nos com o Jim Collins, nós os descreveríamos como bons, não excelentes. Eles tinham as habilidades técnicas necessárias, eram OK como gerentes e se davam bem com as partes interessadas. Mas ninguém segurava o departamento "para cima" como um modelo de como as coisas deveriam ser feitas, e esses executivos sentiam-se eternamente frustrados e exaustos por todas as coisas que eles tinham de fazer, as fogueiras que eles tinham de apagar e as expectativas desencontradas de seus colegas.

Inicialmente pensávamos que a diferença entre o grupo do meio e os executores de alto nível estava nas habilidades humanas – e estávamos parcialmente certos. Mas não é que o grupo do meio tenha habilidades humanas horríveis; este não é o caso. Como mostra a história de John, eles entendem – pelo menos intelectualmente – a importância de inspirar pessoas, de se comunicar eficazmente, de construir relacionamentos e de se concentrar mais no desenvolvimento de pessoas (em oposição ao desenvolvimento de sistemas), todos os tópicos sobre os quais falaremos extensamente nos próximos capítulos. No entanto, à medida que cavávamos um pouco mais fundo, percebemos que esses executivos de TI verdadeiramente não acatam essas coisas a ponto de elas direcionarem o modo como eles lideram todos os dias.

Esta é uma distinção importante. Embora todos entendam por que as habilidades humanas são vitais, os melhores executivos de TI levam essas habilidades para outro nível. Eles são simplesmente exemplares em se relacionar com as pessoas e fazer conexões.

Um poder incrível é liberado quando você cria uma conexão. Isoladamente, o computador mais potente do mundo é apenas uma bagunça de fios e silicones. Coloque-o na energia e na World Wide Web, e o que você pode fazer é virtualmente ilimitado. Não é diferente quando estamos falando de pessoas, especialmente quando discutimos o que acontece no trabalho. Sozinhos, somos limitados ao que podemos fazer como gerentes. Mas nos coloquem em um bom relacionamento ou em uma equipe excelente, e as conexões que podemos criar nos permitem realizar trabalhos surpreendentes.

Os melhores executivos de TI moldam essas conexões e exploram os motivadores emocionais humanos mais profundamente enraizados para livrar a força incrivelmente potente de pessoas energizadas. Um elemento-chave no modo como eles fazem isso é demonstrar que eles se importam e o relacionam para as pessoas ao seu redor – não apenas seus subordinados diretos, mas seus colegas fora do departamento, o CEO e a diretoria e todas as partes interessadas da organização.

UMA PERGUNTA POTENCIALMENTE PERTURBADORA

As suas "soft skills" e sua habilidade de fazer conexões com pessoas são tão aperfeiçoadas quanto seu conhecimento tecnológico e sua astúcia? Elas pelo menos se aproximam? Elas estão impedindo sua habilidade para liderar?

Ao ter relacionamentos reais com todas essas pessoas, você consegue passar por toda a politicagem e falta de bom senso que cerca uma questão e rapidamente chega ao coração da questão, para poder alcançar uma decisão colaborativa e informada. É por isso que, após se comprometer em ser em primeiro lugar um líder de pessoas e pensar de uma maneira enquanto lidera de outra, o próximo passo para se tornar um grande executivo de TI é acatar as *soft skills* interpessoais que podem criar uma conexão de alta energia com outras pessoas.

Este capítulo realçará as três competências específicas essenciais para formar uma conexão profunda e significativa com outras pessoas: (1) ser aberto e receptivo, (2) ser atencioso e (3) ser comunicativo. Como mostra a figura 3-1, quanto mais aberto, receptivo, atencioso e comunicativo é o executivo de TI, melhores são suas comunicações, seus relacionamentos e sua habilidade para inspirar. Isso, por sua vez, afeta positivamente o valor que o departamento de TI pode adicionar a toda a organização.

Essas competências de abertura, de ter uma atitude atenciosa e de conseguir se relacionar bem com outras pessoas, assentam uma base crítica para o executivo de TI como um líder voltado para as pessoas. Elas também possibilitam e realçam as outras *soft skills* críticas que realçamos nos capítulos 4 a 7 (administrando relacionamentos diversos, comunicando-se com as pessoas, inspirando-as e as desenvolvendo).

FIGURA 3-1

As *soft skills* produzem resultados sólidos

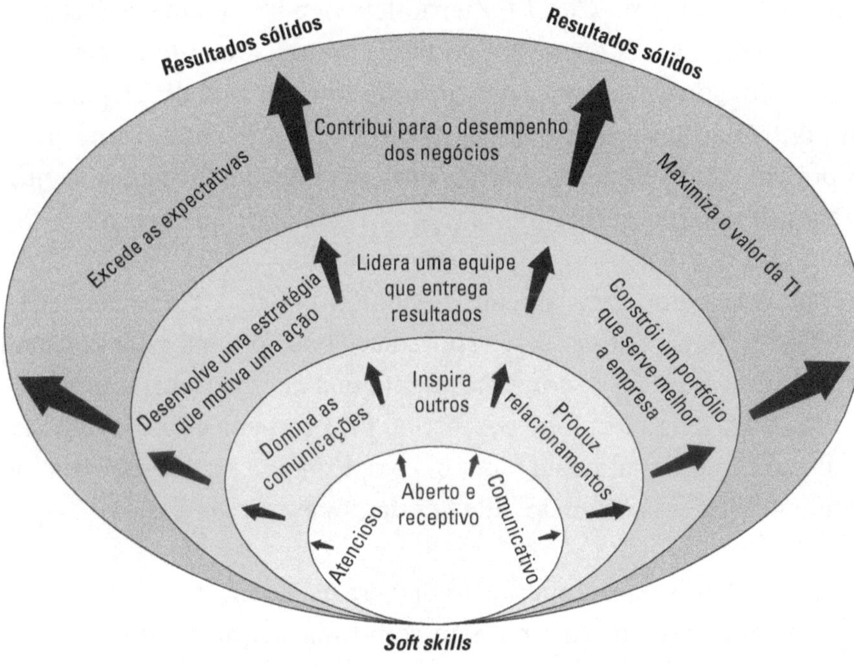

Alguns detalhes darão vida a tudo isso. Antes de começarmos, observe que, quando discutimos as competências específicas apresentadas neste capítulo e em todo o restante do livro, estaremos usando terminologias associadas com o Leadership Architect (Arquiteto de Liderança), a biblioteca de competências desenvolvida pela Lominger International da KFI. Escolhemos a estrutura da Lominger porque ela é familiar para muitos executivos, foi solidamente pesquisada e é facilmente aplicável para fins de desenvolvimento de liderança. Com isso como pano de fundo, vamos seguir em frente para a primeira das três competências neste capítulo.

SER ABERTO E RECEPTIVO

Curiosamente, escutamos um tema consistente dos executores de alto nível que entrevistamos – uma parte importante em acatar seu lado mais suave é se abrir. Como Carol J. Zierhoffer, vice-presidente e CIO para o Setor de Tecnologia Informática da ITT, coloca: "Quando eu revelo não apenas quem sou, mas o que sou e porque sou, é muito difícil para aqueles no outro lado do relacionamento duvidarem do meu compromisso. Eles podem nem sempre gostar de uma decisão que tomei, mas nunca duvidam de quanto eu me importo, e isso faz com que seja ainda mais difícil terem dúvidas sobre o que estou fazendo".[1]

Mas isso, como rapidamente adicionou o CIO da Kimberly-Clark, Ramón Baez, não pode ser algo esporádico. Você precisa estar constantemente sendo o modelo de comportamento que quer nas outras pessoas. Se fizer isso, é um longo caminho percorrido para fechar a enorme lacuna potencial entre intelectualmente saber que você precisa ser aberto como líder e realmente agir dessa maneira. Ele nos dá um exemplo:

> Eu me lembro exatamente do dia; era 17 de maio de 2007. Estávamos tendo uma reunião com toda a equipe e um dos líderes da minha equipe estava apresentando onde nos encontrávamos, do ponto de vista orçamentário. Ele anunciou – e eu não recebi a informação de antemão – que iríamos ultrapassar nosso orçamento por muito. E não tinha conserto. Tínhamos bagunçado nosso orçamento.
>
> Quando ouvi isso, eu poderia ter ficado muito bravo – e, acredite, esta foi a minha primeira, segunda e terceira reação. Mas o que eu disse a mim mesmo era que a pior coisa que eu poderia fazer era explodir, pois isso criaria uma situação em que as

> pessoas começariam a dizer: "Nunca traga notícias ruins para o Ramón porque ele simplesmente cortará sua cabeça fora na frente de todo mundo". Isso era o que se passava pela minha cabeça.
>
> Assim, eu disse ao grupo: "Escutem, não há nada que possamos fazer sobre isso neste minuto. Vamos continuar esta reunião e depois falaremos sobre quais são os próximos passos para corrigir isso".
>
> E porque eu permaneci calmo e composto naquele momento – e vou lhe falar uma coisa: eu não sou assim o tempo todo –, todos queriam ajudar. Todos queriam fazer parte da solução para consertar aquele problema. Até mais importante para mim do que resolver o problema imediato era que, como líder, eu fosse o modelo da cultura de abertura – aquela em que sou acessível e as pessoas não temem trazer à tona notícias ruins.[2]

Na prática, como você demonstra esse tipo de abertura? Os melhores executivos de TI fazem isso ao se envolver em escuta ativa, demonstrar vulnerabilidade e usar humor quando apropriado. Explicaremos todos os três.

Escutar Ativamente

Os ouvintes ativos prestam muita atenção ao que está sendo comunicado a eles, tanto por meio de palavras quanto de dicas não verbais, como linguagem corporal e expressões faciais. Eles também anseiam por um *feedback* real. Mesmo quando a resposta é extremamente crítica de o que eles estão fazendo, eles não racionalizam ou rejeitam o que os outros dizem.

Essa escuta ativa nem sempre é fácil, como nos disse um executivo de TI: "Sempre pensei que tivesse relacionamentos realmente sólidos até ter uma das minhas primeiras avaliações de 360 graus como executivo de TI. Recebi comentários entusiasmados sobre minhas habilidades de ouvinte, mas não de todos. Acabou sendo que eu era um ouvinte seletivo. Eu ligava e desligava, dependendo de com que eu falava. Agora, escuto pacientemente – e às vezes é muito difícil – a todos. A recompensa é que eu sei muito mais sobre as coisas e consigo ser mais proativo".

Demonstrar Vulnerabilidade

A vulnerabilidade normalmente não faz parte da lista curta de características que a maioria identificaria como sendo grande liderança. No entanto, quando aplicada corretamente, ela tem um impacto profundo e pode ser usada para a vantagem do líder.

Uma maneira especificamente eficaz de demonstrar a vulnerabilidade é por meio do uso de transparência pessoal. Como neste caso, descobrimos que os executivos de TI com os quais falamos são incrivelmente autoconscientes e não se preocupam em compartilhar o que flui dessa conscientização. Eles conhecem seus pontos fortes e fracos e se engajam em conversas honestas sobre como melhor usar ambos. Eles se tornaram confortáveis não apenas com o que revelar, mas também como as vidas pessoais e as vidas profissionais das pessoas podem caminhar lado a lado. Eles sabem que falar sobre suas experiências pessoais – de que tiveram uma emergência familiar (sua filha de 11 anos de idade quebrou o braço) ou quão duro tiveram de trabalhar para aprender a superar sua ansiedade ao falar em público – faz com que sejam mais humanos e acessíveis.

Os executivos de TI de sucesso mostram que se importam muito com as pessoas com que trabalham a ponto de se tornar vulneráveis para que este possa ser um relacionamento realmente bilateral. Em outras palavras, ao demonstrar vulnerabilidade – na esperança de que, em troca, as outras pessoas se abram –, esses CIOs criam um ambiente que suporta a abertura e monta o cenário para relacionamentos mais fortes.

Usar Humor

Esses grandes executivos de TI têm a habilidade de trabalhar as situações difíceis não apenas ouvindo, mas também com humor – muitas vezes à sua própria custa. Ao entrevistar colegas e subordinados de Tom Tabor, vice-presidente sênior e CIO da Highmark, uma grande seguradora de saúde, para descobrir por que ele fazia tanto sucesso, encontramos um tema óbvio: seu uso de humor autodepreciativo. "Ele não é o palestrante mais confortável, e ele realmente não gosta de conflito, mas ele consegue agitar porque ele sabe exatamente como e quando fazer uma piada à sua própria custa, a qual libera toda a tensão na sala", disse-nos um de seus subordinados diretos.

O que também é singular desses executores de alto nível é que eles raramente se envolvem em humor negativo, como ser sarcástico, como meio para transmitir uma mensagem negativa. "Já passei pela experiência de ver quão desgastante é um líder sarcástico, e não quero isso para meu pessoal", disse um executivo de TI que entrevistamos. "Eu quero ser a pessoa que alivia a tensão em uma sala através de risadas, mas não à custa de outras pessoas."

Você está disposto a aceitar que apenas se abrindo e tornando-se mais vulnerável é que você alcançará a conectividade que precisa com as pessoas para inspirar as pessoas certas a fazerem as coisas certas?

SER ATENCIOSO

Os executivos de TI não apenas mostram, de todas as formas esperadas, que eles se importam com as pessoas com as quais eles trabalham, mas eles também são justos – com todos. Sim, é claro que os executores de alto nível recebem tarefas mais desafiadoras, maiores responsabilidades e pagamentos mais altos se eles cumprirem suas metas. Mas todos são movidos pelos mesmos padrões (isto é, espera-se que eles ajam eticamente e façam seu trabalho bem) e têm a oportunidade de crescer de acordo com o desempenho demonstrado.

Quando falava sobre seu chefe, um gerente do nível médio que entrevistamos disse: "É fácil ser justo com os executores de alto nível. Mas o que é mais difícil é que ele seja justo com aqueles que não estão fazendo a sua parte. Ele não os deixou passar, mas lhes proporcionou uma imagem do futuro, como eles precisavam se adequar e criar planos de desempenho para ajudá-los a chegar lá. Ele também está disposto a ter conversas difíceis com eles. Ele dá a todos a habilidade de ver o que precisa ser feito e a oportunidade de demonstrar que eles podem fazê-lo".

Como resultado de ser justo e atencioso, os executivos de TI com alto desempenho produzem um sentido profundo de lealdade e "camaradagem", mesmo quando é necessário tomar decisões difíceis.

SER COMUNICATIVO

Os principais executivos de TI são acessíveis e se relacionam bem com os outros. Vamos examinar cada ponto separadamente.

> *Acessível.* Eles são sensíveis, e pacientes, a ansiedades, preocupações, temores, esperanças, sonhos e aspirações das outras pessoas. Esses executivos trabalham duro – tanto ouvindo bem quanto fazendo perguntas abertas para descobrir o que está acontecendo logo no início do processo, para que eles possam ter tempo de formular os resultados em vez de apenas reagir.
>
> Obviamente, se você é ignorante, crítico ou simplesmente distraído, as pessoas se sentirão relutantes em se aproximar de você. Como Ross Philo, CIO do U.S.Postal Service, diz: "Um dos desafios quando você está em um cargo sênior é que as pessoas tendem a se intimidar pelo título ou cargo. Eu trabalho duro para trazer a interação para uma escala muito mais humana que eu possivelmente puder. Tento engajar. Mostro entusiasmo. Tento sempre ser alegre e otimista. E tento não deixar que pressões externas ou pressões de cima sejam transmitidas para minha equipe".[3]
>
> *Adepto a se relacionar bem com todos os tipos de pessoa, em todos os níveis.* Os principais líderes de negócios fazem isso

> ao focar primeiro as outras pessoas, não a agenda em questão. Alguém na alta gerência disse o seguinte sobre o executivo de TI da empresa: "Ele não é ingênuo. Ele se mantém firme em suas convicções quando necessário. Mas ele entende quando precisa mudar de tática, isso porque ele teve tempo e paciência para entender a situação e as pessoas envolvidas". Esse relacionamento é primordial para os parceiros comerciais e outros colegas. Os melhores executivos de TI conseguem enfatizar a situação de seus parceiros, pressões, trocas e desafios. Mas estejam eles lidando com as pessoas dentro da organização ou fora desta, a habilidade de se relacionar promove uma ligação, um entendimento comum e uma plataforma para a parceria colaborativa e para trabalhar as questões difíceis.

A lição de tudo isso está clara: os melhores executivos de TI passam o tempo não apenas conhecendo eles mesmos, mas também os outros. Em seguida, por meio de seu respeito profundo por todos e seu reconhecimento profundo de que as pessoas são diferentes, esses líderes criam ligações profundas e pessoais com as pessoas para possibilitar os processos de decisão confiáveis e colaborativos e os relacionamentos.

SUAVIDADE NÃO EXCLUI TENACIDADE

Vamos parar aqui. Não estamos apenas falando de coisas suaves e maleáveis. Essas *soft skills não* substituem todas as responsabilidades duras e difíceis que um líder tem – estabelecer expectativas altas e responsabilizar as pessoas por elas; trabalhar através de decisões difíceis com parceiros comerciais; entregar projetos no horário e de acordo com o orçamento; e coisas parecidas. Os melhores executivos de TI fazem isso. (Na realidade, eles estabelecem para eles mesmos, e todos ao seu redor, padrões mais altos.) *Assim, essas soft skills não estão substituindo todas essas coisas, mas as aumentando.*

Mas, curiosamente, ao forjar conexões mais profundas – as coisas suaves – faz com que o restante do trabalho seja mais fácil e proporciona a fundação para um desempenho superior. Esses tipos de conexões criam resultados tangíveis. Os executivos de TI que as empregam conseguem obter o máximo das pessoas e de seus cargos como executivos de TI.

Veja as organizações que realçamos e você encontrará departamentos de TI que são mais alinhados com os requisitos de negócios; organizações de TI que não têm problemas para atrair os melhores talentos; executivos de TI que gastam a maior parte do tempo com CEOs e membros da diretoria... e a lista segue.

Considere o que Duffy Mees, CIO da Promontory Interfinancial Network (PIN), realizou quando ele estava na Independence Air. Ele criou toda a infraestrutura da TI – tudo, desde como os passageiros e agentes de viagens poderiam fazer reservas e receber as passagens até como os funcionários corporativos seriam pagos – em nove meses.

Mas, como ele é rápido em ressaltar, ele tinha duas vantagens. A primeira: ele sabia como as grandes empresas de transporte aéreo lidavam com a TI. Enquanto trabalhava em uma transportadora regional que se conectava às principais empresas aéreas, ele havia visto em primeira mão todos os problemas inerentes nos departamentos de TI dessas empresas – vários sistemas de legado que tinham problemas em se comunicar, tudo operado em *mainframes*, etc. – de forma que ele sabia o que evitar.

E segunda: ele sabia que poderia alistar um grupo de pessoas para realizar o que aparentemente era impossível: tirar uma empresa aérea do chão em nove meses, quando três anos parecia ser a norma.

> Eu reuni a minha equipe, e concordamos que não iríamos cometer os pecados do passado. Sabíamos de tudo que não podíamos fazer. Assim, sentamo-nos e dissemos: "Muito bem, como a TI para a Independence Air deve se parecer?". E decidimos que ela tinha que ser simples, confiável e escalável e que proporcionasse um retorno sobre o investimento significante. E esses quatro atributos governariam tudo o que fizéssemos.
>
> Construímos uma infraestrutura que podia ser suportada por umas 20 pessoas de TI, embora estivéssemos servindo 46 cidades no país todo. Procuramos tecnologias que poderíamos distribuir e que eliminariam a necessidade de viajar para

> consertar algo. Queríamos dar suporte a tudo do nosso centro de dados. Em síntese, criamos um *design* simples e elegante, algo que era muito rápido e fácil de administrar e monitorar. Além disso, era fortemente automatizado. Muitas vezes, a TI foca tanto em prover automação para o usuário final que eles acabam não tendo nenhuma internamente. Tudo é manual. Este era um dos motivos de por que precisava de 186 pessoas para operar sua empresa aérea, onde eu pude fazê-lo com 20.[4]

Tão impressionante quanto tudo isso pode ser, Mees disse que a maneira ele começou a explanação – "Eu reuni a minha equipe" – foi realmente o mais importante.

> Uma das obrigações corporativas era fazer voos mais rápidos e mais fáceis para os clientes. Toda nossa tecnologia tinha de contribuir para isso, e, assim, nós realmente íamos para os terminais e ficávamos atrás dos agentes de passagens nos balcões e nos portões e os observávamos processar os passageiros. Qualquer coisa que levasse mais do que 15 segundos, íamos encontrar uma maneira de automatizá-lo. Eu estava nos aeroportos tanto quanto meu pessoal, e acredito que este seja um dos atributos importantes de um bom executivo de TI. Sim, você tem de se elevar ao nível de executivo de TI, mas não pode perder o contato com o pessoal da linha de frente, para poder prover suporte a eles assim como diretriz, aconselhamento e a liderança que eles precisam. E, se você não estiver em contato com a linha de frente, não sei como poderá fazer isso.
>
> Acho que, quando as pessoas veem que seu líder é alguém que se importa com elas e que cria um ambiente em que os erros são esperados e em que se espera aprender com esses erros, elas trabalharão melhor. Eu me lembro de ter sido bastante honesto com meu pessoal sobre meus temores pessoais. Muitas vezes falamos que eu adoro ser um executivo de TI não pela tecnologia, mas pelo impacto. Mas também compartilhei com eles como algumas vezes é duro trabalhar

incansavelmente em algo e sentir-se inseguro se a empresa realmente entendeu o que você estava fazendo por eles.

Assim, eu tinha algumas dúvidas; todos nós tínhamos. Mas conversamos sobre elas. Eu me lembro de manter a porta aberta. Eu realmente queria que eles sentissem que eu me importo e estava nessa tanto quanto eles. Às vezes, acho que tinha mais pessoas no meu escritório se lastimando ou resolvendo problemas do que tínhamos no piso. Lembro que rotineiramente tínhamos reuniões em que todos diziam: "Ninguém sabe como é difícil entregar o que essas pessoas estão pedindo, isso porque nós somos nossos piores inimigos, pois sempre entregamos o que precisa ser entregue. Nós nunca, nem uma vez, fracassamos com a empresa".

E eu disse: "Eu sei, mas esta é a maldição por estar na TI". Bem, no meu último dia na Independence Air, Kerry Skeen, o CEO, me chamou em seu escritório e disse: "Escuta, eu queria que você soubesse, nunca tive a oportunidade de lhe dizer isso, mas por todos esses anos, em todas as negociações e as oportunidades de negócios que tivemos, sempre consideramos a TI como sendo o ás na manga, e eu não conheço nenhuma outra empresa que possa dizer o mesmo. Sabemos que pedimos coisas ridículas de vocês, e vocês sempre entregaram". Este foi um dos dias mais gratificantes da minha carreira.

A história de Mees é típica entre os executores de alto nível que entrevistamos. Considere esses outros executivos de TI altamente eficazes:

- Tim Zoph, CIO e vice-presidente sênior do Northwestern Memorial Hospital, que herdou um departamento de TI na Northwestern com rotatividade excepcionalmente alta em comparação com o restante da organização, fortemente acredita que as *soft skills* produzem resultados difíceis. Ele aplicou tudo o que falamos a respeito aqui, e a rotatividade caiu de 14 para 4 por cento.

- Através de seu foco inicial nas pessoas, Richard Gius, quando trabalhava na Alliance Healthcare, conseguiu, paralelamente, utilizar arranjos de terceirização tanto doméstica quanto no exterior para fornecer suporte de sistemas eficazes e desenvolvimento de software com custos de TI mais baixos do que utilizando os recursos internos. Ele fez isso ao mesmo tempo em que simultaneamente criava uma força de trabalho mais flexível e variável para trabalhos relacionados a projetos/desenvolvimento de novas funcionalidades.
- Graças às suas habilidades humanas, as quais veremos em ação mais adiante, Dave Swartz, o CIO da American University, recebeu um aumento de dois dígitos em seu orçamento durante a recessão recente (enquanto os orçamentos de outras universidades estavam sendo cortados).

Estas não foram ocorrências únicas. Eles são resultados sustentáveis. Para descobrir o que faz com que eles sejam sustentáveis, temos de dar um passinho para trás.

Como você se lembra de nossos capítulos anteriores, os melhores executivos de TI não apenas criam uma visão, eles criam uma visão que leva à ação: uma que constrói e financia um portfólio que melhor sirva a empresa, que engaja os parceiros comerciais e os motiva a agir.

Os executivos de TI que acataram por completo seu lado mais suave fazem conexões mais profundas e energizam as pessoas ao seu redor. Eles, consequentemente, fazem mais com menos e estão firmemente alinhados com parceiros internos, assim como com as partes interessadas externas.

MELHORES INFORMAÇÕES, NENHUMA SURPRESA

À medida que nos engajamos em uma série de eventos, reuniões e entrevistas com executivos de TI por todos os Estados Unidos, conversamos com eles sobre o conjunto inicial de conclusões que havíamos extraído da nossa primeira rodada de pesquisa, e, quando isso aconteceu, tivemos outro momento de descoberta. Os melhores executivos de TI não eram apenas dedicados a criar relacionamentos profundos e pessoais, mas esses relacionamentos, na realidade, permitiam que os líderes antecipassem (e basicamente ajudassem a moldar) o futuro.

Quando os executivos de TI conseguiram desenvolver um alto grau de conectividade, eles descobriram que tinham a habilidade real de ser proativos, algo que eles repetidamente nos disseram que era importante. Repetidamente, ouvimos sobre a importância de *sentir* as mudanças nas necessidades da empresa. Sim, os executivos de TI eram todos membros de organizações que tinham reuniões regulares de priorização de projetos, estratégia, planejamento, processos orçamentários e afins. Mas o que os relacionamentos profundos com os colegas lhes trouxeram foi um sentido real sobre o que estava mudando e, mais importante, por que as coisas estavam mudando. E eles aprenderam isso bem antes das reuniões formais para discutir as prioridades. Parecia que um clichê antigo havia renascido.

Todos nós já ouvimos falar que não existe crise; existem apenas oportunidades. Bem, isso é apenas verdade se tivermos tempo suficiente para responder ao problema iminente. Em algum ponto, os problemas, de fato, passam a ser uma crise se você não fizer algo a respeito.

Mas o que os executivos de TI com habilidades interpessoais superiores estavam nos dizendo era que, por causa dos relacionamentos que formaram, obtiveram mais e melhores informações logo no início, o que lhes deu a chance de responder e moldar o futuro em vez de simplesmente reagir a ele. Eles poderiam, *de forma colaborativa,* intervir na hora certa, usando suas habilidades pessoais para certificar-se de que todos sairiam da intervenção sabendo exatamente qual era o problema – "este projeto está saindo dos trilhos por causa de A, B e C" – em vez de achar que "o executivo de TI seria apenas uma barreira simplesmente incompreensível".

Como resultado dos relacionamentos existentes que significantemente melhoraram o fluxo de informações e permitiram que eles realmente soubessem o que estava acontecendo, esses executivos de TI disseram que tinham a habilidade de melhor administrar seu pessoal e orçamentos para se ajustarem à mudança. O resultado: um departamento de TI continuamente alinhado que poderia responder mais rapidamente e melhor às necessidades da organização, ajudando, assim, a moldar o futuro da empresa. Esse efeito de amplificação é retratado na figura 3-2.

FIGURA 3-2

O efeito de amplificação: acatar seu lado mais suave melhora o fluxo de informações e maximiza os resultados dos negócios

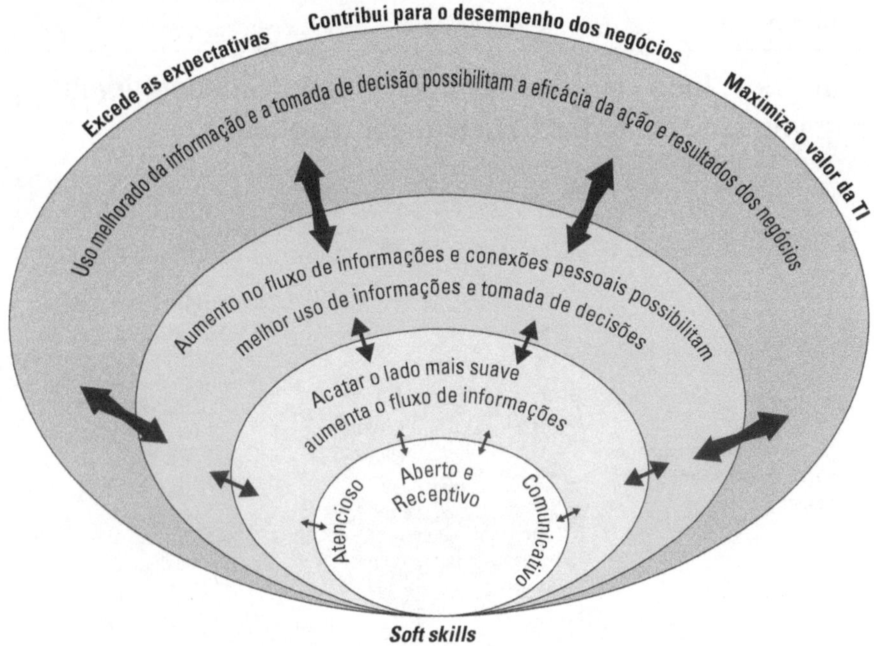

O PROBLEMA COM COMANDO E CONTROLE

Temos dito constantemente que as *soft skills* produzem resultados difíceis. E este capítulo certamente ilustra como as habilidades dos executivos de TI sem estabelecer conexões profundas e pessoais com as pessoas ao seu redor são a fundação para ir de bom para excelente. Entretanto, algumas vezes também ouvimos as vozes de céticos. Eles tendem a motivar resultados através de comando e controle puros e por serem mestres severos de tarefas. Este não foi o estilo que vimos em líderes com alto desempenho. Quando perguntamos por que, eles responderam que você pode "mascarar" os resultados ou "intimidar" para obter resultados até certo ponto, mas isso não tem tanto poder ou é tão sustentável quanto ter pessoas energizadas e motivadas. Eventualmente, todas essas pessoas que você intimida pedirão demissão, encontrarão outro emprego, se ressentirão (e, na melhor das hipóteses, farão o mínimo absoluto ou, pior, sabotarão os esforços da empresa) ou simplesmente ficarão estressadas.

FIGURA 3-3

Acatar seu lado mais suave cria uma conectividade que totalmente envolve todos para motivar resultados

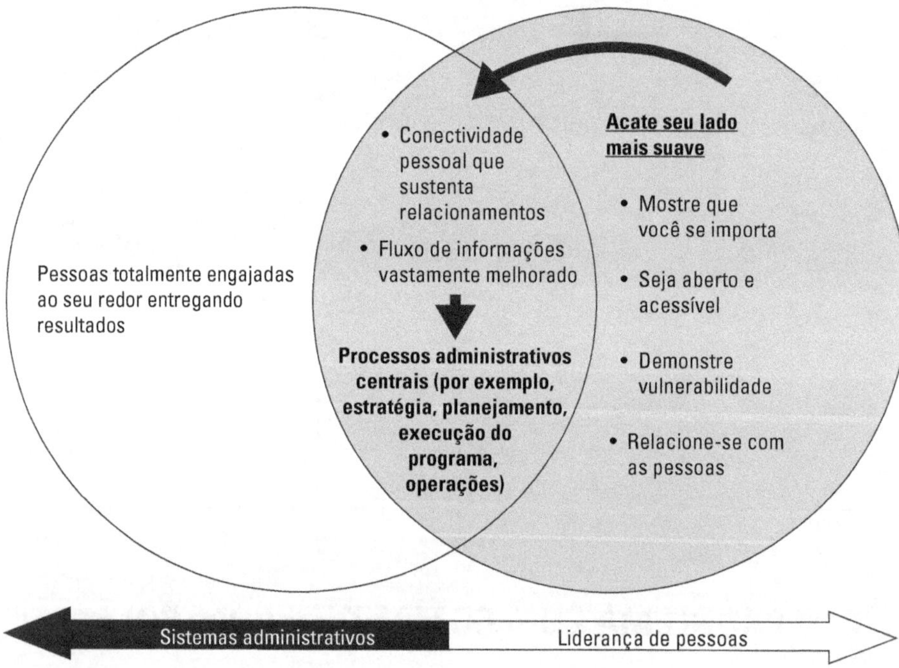

Como temos dito extensamente, um motivador-chave emocional para pessoas energizadas e motivadas é fazê-las perceber que você se importa, que você é fácil de se relacionar que as vozes delas são ouvidas e que suas contribuições são reconhecidas. Você pode ver essa recompensa na figura 3-3.

A recompensa por explorarmos com sucesso esses motivadores emocionais pode ser imensa, mas a desvantagem por ignorá-los pode ter um impacto igualmente imenso!

CHAMADA PARA AÇÃO

Se suas *soft skills* ainda precisam ser aparadas, considere as sugestões seguintes para desenvolvimento:

PRATICAR A PRIMEIRA REGRA DE OUVINTE. Faça perguntas. Não apenas qualquer pergunta. Faça perguntas investigativas, abertas, perguntas que revelem mais rápida e claramente o que seu público está realmente tentando lhe dizer. Esses tipos de perguntas começam com "*Como?*" e "*Por quê?*". Elas são ótimas para estimular o diálogo e obter um entendimento mais profundo e compartilhado.

ESTEJA DISPOSTO A FICAR VULNERÁVEL. Comece pequeno. Não é necessário ir até lá e revelar qualquer "mentira" (mais sobre isso adiante). Um pouco de autorrevelação bem programada e apropriada faz muito para fortalecer os relacionamentos e positivamente moldar opiniões sobre sua liderança. Convide colaboração, mas não espere reciprocidade imediata. Dê um tempo.

ADAPTE-SE AO SEU PÚBLICO. Reconheça os comportamentos e mensagens que precisam ser aprimorados para se conectar com uma pessoa ou um grupo específico. Quando dizemos aprimoradas, queremos dizer ajustes sutis no conteúdo, tom e intensidade, não mudanças tipo camaleão, as quais deixarão todos se sentindo um tanto confusos. Você está lidando com pessoas aqui; portanto, lembre-se de que encontrará uma série de valores, necessidades e estilos emocionais e nem todos combinarão com seu estilo.

QUAIS SÃO SUAS PRIMEIRAS PALAVRAS? Como um líder sênior, você causa uma primeira impressão imediata, de alto impacto, nos outros. Sua primeira investida na interação terá uma forte influência sobre qual caminho esta interação levará. Portanto, monitore de perto suas primeiras palavras e como outros inicialmente respondem a elas. Não se esqueça, também, da linguagem corporal. (Falaremos mais sobre isso no capítulo 5, "Domine as Comunicações".)

RESPEITE OS LIMITES. Na tentativa de acatar por completo seu lado mais suave, cuidado para não compensar em demasia. Seja especialmente consciente de quando você se envolve em revelações abertas (há hora e lugar para tudo, portanto, escolha o momento e o ambiente corretos) e sobre o que você revela. As pessoas têm zonas de conforto variáveis, portanto, teste-as cuidadosamente. Se possível, pegue uma dica sobre o que elas se sentem confortáveis compartilhando.

RESUMO

Os melhores executivos de TI de fato acatam seus lados mais suaves. Eles fazem isso para formar conexões profundas e pessoais não apenas com as pessoas para as quais eles reportam diretamente, mas também com seus colegas, o CEO, a diretoria e outras partes interessadas importantes.

O que permite que eles façam isso e por que o fazem? Eles podem acatar seu lado mais suave porque eles têm habilidades interpessoais profundamente enraizadas que combinam com vulnerabilidade. A vulnerabilidade de um líder diz para aqueles no outro lado da mesa – ou na outra extremidade do telefone, e-mail ou documento – que eles estão lidando com uma pessoa real, autêntica, uma que acredita no que ela está falando e pode ser confiada.

Por que os executores de alto nível se abrem dessa maneira? Ao permitir a vulnerabilidade, eles desenvolvem confiança e uma conexão pessoal em um nível muito mais profundo e interpessoal. Isso, por sua vez, motiva as pessoas com quem o executivo de TI está interagindo para que contribuam com seu melhor trabalho, convida maior desempenho e suporta a realização de resultados extraordinários.

E, além disso, ela permite que o executivo de TI e todas as pessoas com as quais ele entra em contato se movimentem mais rápida e facilmente além das preocupações superficiais e políticas que cercam uma questão. Dessa maneira, eles conseguem, de forma colaborativa, encontrar a melhor solução (e fazê-la logo no início, uma vez que seus relacionamentos os permitem obter informações de canais informais e formais). O resultado líquido são pessoas que são mais dinâmicas, com relacionamentos mais alinhados, decisões mais colaborativas e informadas e um ambiente em que a TI pode operar em um nível mais alto e prover valor máximo.

4

FORME RELACIONAMENTOS CORRETOS, MOTIVE RESULTADOS CORRETOS

VÁ PELAS LATERAIS PARA SE MOVER PARA A FRENTE

Robert Runcie, diretor administrativo e ex-CIO da Chicago Board of Education, o terceiro maior sistema de escolas públicas do país (409.000 alunos, 43.700 funcionários e um orçamento anual de US$ 5,3 bilhões no ano fiscal de 2010), fala sobre relacionamentos.

> *Uma das primeiras coisas que você percebe é que algumas pessoas, embora não estejam no topo do organograma, têm influência sobre todo mundo. Foi isso que aconteceu com um diretor de escola que, quando eu o encontrei pela primeira vez, podia apenas ser descrito como meu arqui-inimigo.*
>
> *Eu o encontrei depois de mais ou menos um ano neste emprego e com um enorme problema na minha cabeça. Meu departamento estava absorvendo o custo de manutenção de todos os computadores pessoais no sistema, e o número de computadores não parava de crescer. Em um período de três anos, fomos de 50.000 para quase 150.000 PCs. As escolas os compraram, mas os*

custos de manutenção das máquinas, mantê-las conectadas à rede e garantir os filtros apropriados e a proteção antivírus estavam saindo do meu orçamento.

Assim sendo, instituí uma taxa de US$ 24 ao ano por máquina que toda escola tinha de pagar para cada computador que eles tinham. Não foi uma surpresa, mas essa alternativa não deu muito certo.

Fiz várias reuniões com os diretores para falar sobre isso. E em uma delas, em que meu chefe estava presente, um homem se levantou e simplesmente começou a gritar comigo, dizendo que eu estava roubando dinheiro das escolas. Em seguida, ele ligou para todos os diretores que conhecia – e ele conhecia quase todos eles – e fez com que concordassem em não pagar a taxa. Depois, ele chamou os jornais e, repentinamente, esta era a história para toda a cidade.

Neste momento, percebi que eu não tinha nada a perder. Meu relacionamento com ele não poderia ficar pior. Assim, eu o chamei e disse: "Estou montando alguns comitês consultivos e realmente gostaria de saber o que você e os outros administradores de escola estão dizendo, para que possamos melhorar o que estamos fazendo e nos certificarmos que nosso trabalho esteja preenchendo suas necessidades. Eu quero que você me ajude a melhorar. Você participaria em um dos meus comitês?".

Ele concordou e, com isso, passamos a conversar várias vezes na semana. Ocasionalmente, eu ligava para ele para pedir seu conselho sobre como eu deveria me aproximar de uma pessoa ou para ver o que ele achava de uma ideia que eu tivera.

Depois de seis meses, o que aconteceu foi notável. Eu estava na reunião da Associação de Diretores de Escola de Chicago. Um dos tópicos na agenda era a respeito de outro departamento que havia desenvolvido um aplicativo de software, o qual havíamos aconselhado a não fazer. Ele acabou explodindo e foi um enorme fiasco. Meu departamento não tinha nada a ver com isso, mas meu nome estava na pauta da agenda, isso porque aparentemente tudo o que toca um computador é minha responsabilidade.

O presidente da associação começou a reunião dizendo: "Estamos prontos para falar sobre o desastre do Bob", e o diretor que havia me odiado interrompeu e disse: "Vamos parar por aqui. Estou cansado de ver vocês culpando o Bob ou a TI por coisas desse tipo, o que não é culpa deles. Eles estão fazendo um trabalho muito bom. O problema é que vocês têm uma porção de departamentos renegados por aí que não estão escutando os conselhos deles".

Ele simplesmente continuou nos defendendo incansavelmente. Foi até meio sem graça. Seus comentários na reunião me provaram a importância de relacionamentos. Quando você encontra indivíduos que são difíceis, você precisa encontrar uma maneira com que eles colaborem e se aproximar deles para fazer com que eles realmente entendam o que é que você está tentando fazer.

Desde então, este tem sido meu mantra. Realmente funciona.[1]

Os relacionamentos de alto desempenho de pessoa para pessoa produzem resultados para os executivos de TI com alto desempenho. Os melhores executivos de TI entendem que as *soft skills* e um estilo social e participativo são as chaves para promover relacionamentos de alto desempenho.

Em um nível, essa descoberta - a qual foi ressaltada em nossas entrevistas e pesquisas - não nos surpreendeu. Como detalhamos no capítulo 2, os executivos de TI com o melhor desempenho têm um estilo de liderança social e participativo, um estilo que naturalmente engaja outras pessoas. E, como já vimos, a única maneira de realizar trabalhos hoje é com outros, esperávamos que os executivos de TI que formaram os melhores relacionamentos fossem os mais bem-sucedidos. Mas o que nos surpreendeu foi que os executivos de TI com o mais alto desempenho passavam uma porcentagem maior de seu tempo e energia administrando relacionamentos que existem lateralmente: com colegas internos, com fornecedores externos, com clientes da empresa.

Você precisa alavancar seus relacionamentos em *todas* as direções. A força desses relacionamentos, especialmente os laterais, pode rapidamente escalar para um nível de "êxito ou fracasso", determinando se o executivo de TI consegue satisfazer as expectativas e maximizar a entrega de valor – ou não. Isso não é apenas crítico agora, mas se tornará cada vez mais à medida que a empresa hiperconectada, a qual discutimos no capítulo 1, se torna mais comum e mais firmemente consolidada. Os executivos de TI de sucesso de amanhã precisarão lidar com a diversidade dramaticamente crescente (e, por conseguinte, complexidade) de relacionamentos dentro e fora da organização.

Vamos ver como tudo isso funciona na prática. Começaremos com a área em que os executivos de TI com o mais alto desempenho obtêm maior alavancagem de seus relacionamentos – ao se concentrarem nos relacionamentos horizontais. Em seguida, falaremos sobre o relacionamento importante entre executivo de TI e CEO e, em seguida, descreveremos os aspectos essenciais de qualquer relacionamento. E, por último, discutiremos por que você precisa aprimorar suas habilidades políticas. (Cobriremos o tópico de desenvolvimento de sua própria equipe e o relacionamento dentro desta no capítulo 7, "Desenvolver Pessoas, Não Sistemas".)

RELACIONAMENTOS HORIZONTAIS: PROSPERAR OU SUCUMBIR

Assim como muitos CEOs em organizações de saúde, Dean Harrison, do Northwestern Memorial Hospital, em Chicago, primeiro se propõe a garantir o alinhamento completo de qualquer iniciativa com a missão "Pacientes Primeiro" da organização. Esse projeto era para aperfeiçoar a maneira como seu hospital avançava o atendimento aos pacientes e mantinha os registros deles: "Implementamos registros médicos eletrônicos logo no início da curva de adoção porque era a coisa certa a fazer para nossos pacientes; poderíamos proporcionar atendimento de custo mais eficaz, apropriado e baseado em evidências como resultado desta tecnologia". Entendendo quão importante e complexo seria o investimento nessa tecnologia – ele pedia uma tecnologia infundida no coração do processo de entrega de atendimento ao paciente – ele juntou sua enfermeira-chefe com seu executivo de TI para ter certeza de que o projeto seria projetado em conjunto e implementado com sucesso desde o começo.

Assim como é o caso com muitas colaborações horizontais envolvendo o executivo de TI, a força do relacionamento é crítica. Como descreveu Harrison: "Quando a enfermeira-chefe concordou em assumir esse novo papel e se juntou ao executivo de TI, ambos estavam incertos sobre como essa colaboração funcionaria e quem estaria no comando". Pensando nisso, Harrison nos disse:

> Estava orgulhoso em ver duas pessoas, com áreas de responsabilidade distintamente diferentes, que nunca haviam trabalhado juntas dessa maneira, colaborarem efetivamente e realizarem este objetivo complexo. Essas são as características que busco nos meus principais líderes. Cada pessoa é um especialista nas suas próprias especialidades e habilidades. Como exemplo, eu não espero que nosso CFO tenha tanto conhecimento sobre tecnologia quanto o executivo de TI. O que espero é que nossa equipe consiga trabalhar em conjunto, de maneiras complementares, para avançar nossa visão.
>
> Os dois fizeram um trabalho fabuloso. As reuniões de planejamento focavam como usar a tecnologia como uma ferramenta e facilitador para o resultado dos negócios que estamos tentando alcançar para nossos pacientes. Os silos tradicionais de trabalho desapareceram, desse modo permitindo uma implementação bem-sucedida.[2]

A conclusão de Harrison: "Os relacionamentos realmente entregam resultados".

UMA PERGUNTA POTENCIALMENTE PERTURBADORA

O que faz com que um executivo de TI seja demitido? Observamos com muita frequência que é o fracasso em construir relacionamentos com os colegas, muito mais frequentemente do que ter um relacionamento medíocre com o CEO.

Os seus relacionamentos são outro ativo ou motivo de preocupação?

Apesar de saber quão importante são os relacionamentos horizontais, muitos executivos de TI que observamos dedicavam pouco tempo e energia a eles (normalmente sendo consumidos por atividades administrativas e por riscarem todas as coisas na sua lista de afazeres) e consequentemente se viram arrebatados de um emprego por essa força potente. Como Carol Zierhoffer, CIO da ITT, diz: "Os relacionamentos com os colegas podem ser tanto um vento a favor quanto contrário".

Para evitar enfrentar os ventos contrários, David Swartz, CIO da American University, em seus três últimos empregos, fez com que a criação de relacionamentos laterais excelentes fosse uma prática. "Há sempre uma base de poder que precisa ser descoberta, uma que geralmente não está no organograma da organização, e eu tenho que focar o desenvolvimento de relacionamento com cada membro daquela base". Essas pessoas se encaixam em duas categorias amplas: aqueles que querem constantemente melhorar a organização e aqueles que, como Swartz, dizem: "Têm muito tempo sobrando e estão sempre reclamando da TI".

O Swartz descreve a importância de formar relacionamentos com esta "base de poder":

> Se você gastar um tempinho, descobrirá quem são as pessoas que chamo de "pensadores de vanguarda". Os homens e as mulheres que a maioria das pessoas na organização segue. No nosso caso, são alguns professores. Eles são as pessoas que motivam as mudanças aqui ou que ajudam a evitá-la. Em cada universidade em que estive como executivo de TI, tenho de descobrir quem são eles e começar a desenvolver relacionamentos com eles.[4]

Obviamente, isso não é fácil. Como afirma Steve Stone, CIO do Lowe's: "Os relacionamentos de negócios horizontais são os mais difíceis de administrar e os que tomam mais tempo".[5] E ainda assim você tem de se esforçar.

Muitas vezes, testemunhamos os resultados negativos por não gastarmos tempo e energia suficientes. Uma ocorrência comum é quando uma mudança crítica (seja no processo, seja na cultura) precisa ser implementada pela empresa para maximizar os investimentos feitos em tecnologia. A mudança não importa. O que importa é que o executivo de TI, trabalhando com o CEO e outros executivos funcionais, obteria suporte para o que ele quisesse fazer.

No entanto, na execução dessa mudança, a resistência de alguém interrompe o processo, e repentinamente o executivo de TI não sente o suporte total dos altos executivos que ele achava que tinha. Quando observamos a fundo, não é que o CEO tinha retirado seu suporte. Ele se afastou para certificar-se se o executivo de TI havia "feito seu trabalho" e criado um verdadeiro relacionamento de trabalho com a pessoa que estava resistindo à implementação. O CEO tinha coisas mais importantes para fazer do que mediar a briga entre os chefes de departamento.

A outra ocorrência comum é quando o uso de um estilo de liderança intelectual expõe as deficiências dos relacionamentos do executivo de TI. Nesse momento, o executivo de TI conta em obter suporte ao descrever elegantemente argumentos para a "solução ótima", em vez de gastar o tempo inicial apropriado desenvolvendo um relacionamento baseado em confiança e respeito, um que seja mantido continuamente, não apenas quando necessário.

Vale a pena expandir um pouco essa última frase. Não importa quão bom você seja no seu emprego, e não importa quão maravilhosa é a empresa para a qual você trabalha, sempre haverá obstáculos no caminho quando você tenta fazer as coisas. Se você tiver um bom relacionamento pessoal e profissional com as pessoas com as quais trabalha, será mais fácil resolver os problemas em questão. Mas é claro que isso significa que você precisa ter o relacionamento bem antes de o problema surgir, isso porque, como observou Zierhoffer: "Quando chega a hora de precisar de um relacionamento, é tarde demais para desenvolvê-lo".

Um dos motivos de a formação e manutenção desses relacionamentos serem difíceis é que, como temos visto, os relacionamentos laterais muitas vezes existem fora das linhas de reportagem. O Swartz e os professores influentes trabalham em departamentos completamente separados. Similarmente, enquanto o diretor de escola do ensino médio, como Runcie, era empregado pela Chicago Board of Education, ele não trabalhava para o Runcie. Nessas situações (comuns), a única maneira de obter a cooperação e o suporte de que você precisa é desenvolvendo relacionamentos profundos e pessoais.

TESTE RÁPIDO

Liste os três subordinados diretos mais influentes para o seu CEO, as três pessoas de negócios mais influentes em um nível mais baixo na sua empresa e as três partes interessadas externas mais influentes. Da perspectiva de cada um deles, como eles descreveriam o relacionamento deles com você? Em quais relacionamentos você precisa investir mais tempo e atenção?

Por exemplo, o Runcie ajudou a criar a conexão ao utilizar as habilidades interpessoais que descrevemos no capítulo 3: ser aberto ("eu realmente quero melhorar o que estamos fazendo e me certificar de que nosso trabalho está visando suas necessidades"), receptivo ("eu realmente quero ouvir o que você está dizendo") e vulnerável ("eu quero que você me ajude a melhorar").

A história de Runcie é instrutiva por outro motivo. Ela mostra que relacionamentos vencedores são construídos sobre uma fundação de confiança e autenticidade. (Então, não é de se admirar que os melhores executivos de TI pontuam muito alto quando se trata de coisas como se relacionar bem e se importar.) Um dos motivos de que o "ex-arqui-inimigo" do Runcie inicialmente não confiava nele era porque eles não tinham um relacionamento. O Runcie impôs a taxa de US$ 24 unilateralmente. Mas depois de terem construído um relacionamento, o diretor da escola tornou-se um aliado. Ao trabalhar em suas *soft skills*, elas definitivamente produziram resultados sólidos para o Runcie.

RELACIONAMENTOS LATERAIS

O que é impressionante sobre a administração lateral é o quanto ela eleva o executivo de TI que se envolve nela. Ao desenvolver relacionamentos profundos e abertos, ser vulnerável, acatar sugestões e ser transparente, esses executivos de TI criam uma atmosfera que convida o envolvimento de seus colegas e leva a colaborações saudáveis.

Como mencionamos no capítulo 3, um aspecto-chave desse envolvimento vem na forma de fluxo e no uso de informações melhoradas. Sejam informações sobre quais mudanças estão afetando o mercado de um parceiro comercial, sejam sobre as contendas que um colega está tendo com sua própria equipe, sejam sobre as pressões pessoais que um colega está tendo, o estilo aberto e inclusivo de executivos de TI com alto desempenho os permite ter mais e melhores informações logo no começo. Isso permite que eles respondam mais eficazmente não apenas porque têm mais tempo, mas também porque estão recebendo as informações em contexto de um colega confiável, alguém que será um aliado deles quando seguirem adiante (como no caso de Runcie e o diretor de escola).

Outro ponto incrível sobre administrar lateralmente é que ela realmente auxilia nos seus relacionamentos de cima. À medida que seus colegas se tornam seus aliados confiáveis e respeitáveis, o impacto que eles causam na percepção que o CEO tem de você funciona a seu favor.

E, falando em relacionamento com o CEO, é para onde voltamos nossa atenção a seguir.

POR QUE VOCÊ PRECISA ADMINISTRAR LATERALMENTE

Após conduzir as pontuações de entrevistas com executivos de TI, estávamos certos de que administrar lateralmente era vital para o sucesso. A pesquisa de Lominger, como resumida aqui, confirmou nossas impressões:

> Na melhor das hipóteses, o relacionamento entre colegas proporciona suporte emocional, estimula o crescimento profissional, transmite conhecimento cultural e político, encoraja a colaboração e inovação, e expande a influência pessoal.
>
> É por isso que as melhores organizações não o deixam nas mãos do destino. Eles entendem que relacionamentos produtivos entre colegas aumentam o envolvimento e motivam o desempenho organizacional. Assim, elas ativamente promovem trabalho de rede, colaboração e comunidades de prática. Coisas boas acontecem nas empresas à medida que os colegas desenvolvem relacionamentos pessoais e confiam uns nos outros. Esses relacionamentos reduzem os atritos na organização. As embreagens da mudança organizacional são lubrificadas. O trabalho é feito mais rapidamente. As pessoas cuidam umas das outras. Os erros diminuem. A qualidade e o atendimento ao cliente melhoram. A informação é compartilhada mais livremente. O *feedback* é proporcionado mais livre e candidamente. Os recursos são usados mais eficientemente. Os negócios tornam-se divertidos, envolventes.[a]

[a] M. M. Lombardo e R. E. Eichinger. *FYI: For Your Improvement*. 5. ed. Minneapolis: Lominger International, uma Empresa Korn/Ferry, 2009.

O RELACIONAMENTO ENTRE O EXECUTIVO DE TI E O CEO

Vamos ser honestos: poucos CEOs veem seus executivos de TI como líderes de negócios e colegas de outros membros de sua equipe executiva. E, ainda assim, como dissemos na introdução, isso é o que os CEOs cada vez mais esperam (e precisam), dada a contribuição penetrante e essencial que a TI faz para o desempenho dos negócios por todas as empresas do século 21.

QUEM É SUA EQUIPE PRIMÁRIA?

"Em um exercício de administração com meus vice-presidentes, eu pedi a eles que falassem sobre suas equipes", lembra-se Steve Stone, CIO do Lowes. "Todos eles imediatamente começaram a discutir suas áreas funcionais de responsabilidade e as pessoas que trabalhavam para eles."

"Depois que todos falaram, eu disse: 'As pessoas nesta sala – seus colegas – são sua equipe, não as pessoas que reportam para você. Lá, você é um instrutor. Aqui nesta sala, você é um membro da equipe. Você é parte da equipe de instrutores para a organização, e é crítico para esta equipe ser coesa e estar alinhada para que a organização geral de TI entregue resultados'."

"Para mim não é diferente. Minha equipe são as pessoas em nível de CXO. Isso significa que os relacionamentos horizontais com meus colegas são vitais."

Em contrapartida, uma das coisas mais importantes que observamos em executivos de TI com alto desempenho foi a força e qualidade de seus relacionamentos com seus CEOs e diretorias. Ouvimos exemplos após exemplos de executivos de TI que haviam desenvolvido relacionamentos profundos e colaborativos com os CEOs; haviam ganhado um nível de confiança a ponto de os CEOs muitas vezes buscarem seus conselhos particulares e aconselhamentos a respeito das oportunidades entre as empresas e outras questões (em parte em razão da sua visão singular de toda a organização do ponto de vista da cadeira do executivo de TI); haviam desfrutado do acesso ao CEO muito além das reuniões formais e processos de decisão; e, resumindo, haviam se tornado confidentes de seu CEO.

Então, o que há de diferente sobre esses executivos de TI? Bem, começa com a habilidade deles de entregar – eles prestam atenção especial à necessidade para que a TI esteja no horário e de acordo com o orçamento para seus colegas. Em outras palavras, eles agem como qualquer outro líder de *negócios* na organização. Assim sendo, eles ativamente administram qualquer singularidade no relacionamento com o CEO. Mas, mais importante, eles desfrutam do sucesso com o CEO e diretoria porque na base de todas suas interações estão as mesmas habilidades de liderança de pessoas que temos falado por todo este livro. Logo mais, expandiremos sobre esse assunto. Mas primeiro, observe que essas observações foram reforçadas ainda mais pela pesquisa de nossos colegas dos Programas para Executivos da Gartner, Colleen Young e Dave Aron, que descobriram que apenas 15% dos relacionamentos entre CEO e executivo de TI poderiam ser descritos como um relacionamento de "aliados de confiança" (figura 4-1).

Vamos explorar um pouco mais a fundo e ver como os melhores executivos de TI se encaixam no quadrante superior direito da figura. A primeira característica notável dos executores de alto nível, como acabamos de mencionar, é a entrega de resultados. A entrega de resultados proporciona a credibilidade da qual cultivamos o relacionamento com o CEO, mas, na realidade, começa com os relacionamentos horizontais. Como observaram Young e Aron: "Um relacionamento próximo com o CEO é construído sobre um relacionamento de parceria com os líderes das unidades de negócios. Esse relacionamento, por sua vez, é construído sobre excelência transacional contra os fluxos de demanda das unidades de negócios. Os executivos de TI que alcançaram um relacionamento de aliados de confiança com o CEO são conhecidos como consistentemente satisfazendo as expectativas dos líderes das unidades de negócios. Eles casam seu sucesso com o sucesso do líder das unidades de negócios e proativamente administram os relacionamentos das unidades de negócios, gastando exponencialmente mais tempo individual com os colegas de liderança do que com seu CEO ou mesmo sua própria equipe de TI".

FIGURA 4-1

A influência do executivo de TI está diretamente correlacionada com o valor do relacionamento com o CEO

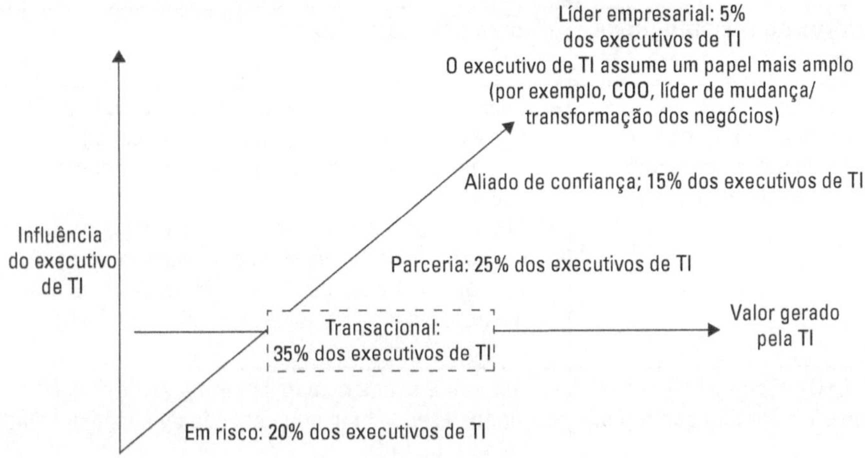

Fonte: Colleen Young e Dave Aron, *Identifying CEO Expectations and Delivering Against Them*. Artner Executive Programs Report, agosto de 2009.

Segunda: os executivos de TI com alto desempenho entendem que eles têm de superar certas barreiras naturais para uma verdadeira aliança entre CEO e executivo de TI, como veremos na figura 4-2. Nem todos os CEOs são iguais, e os executivos de TI com alto desempenho passam o tempo entendendo os motivadores e a personalidade de seus CEOs, respondendo apropriadamente. Esses executivos de TI também entendem que existem certos fatores de resistência natural para os relacionamentos do ponto de vista do CEO, e eles ativamente administram essas barreiras naturais (tabela 4-1).

Administrar os relacionamentos das unidades de negócios e entregar as prioridades dos líderes das unidades de negócios são, em muitas maneiras, mais importantes do que entregar as prioridades do CEO. Um relacionamento de confiança e credibilidade com o CEO é um resultado de entrega das necessidades imediatas das unidades de negócios, não um pré-requisito.

TABELA 4-1

Superando as barreiras naturais para uma verdadeira aliança entre o CEO e o executivo de TI

Fatores de resistência dos CEOs	Táticas para remediação
Os CEOs investem em primeiro relacionamentos que facilitam a realização das metas da empresa	• Colocar todas as conversas, inclusive aquelas que acompanham os planos de compensação, no contexto de metas e objetivos de negócios específicos. • Proporcionar discernimento e conselho a respeito das oportunidades para toda a empresa para melhoria do desempenho e os fatores-chave de gestão de risco de interesse no nível de CEO e diretoria.
Os CEOs não são inclinados a se envolver nas operações	• Garantir a excelência das operações de TI, desse modo, fazendo com que esta não seja uma questão no nível de CEO. • Manter as conversas estratégicas e sempre focadas nos negócios no nível apropriado para o CEO.
Os CEOs são inseguros sobre seu entendimento da TI	• Ser uma fonte confiável de educação e alfabetização em TI – sempre contextualizada para a situação do seu CEO e as principais questões de negócios em mãos. • Educar de maneira a combinar o estilo do seu CEO e garantir que ele fará perguntas e ficará envolvido sem se sentir embaraçado – geralmente de um para um.
Os CEOs querem adicionar valor à conversa sobre a TI	• Comunicar, compartilhar ideias e buscar conselhos logo no início, em vez de precisar de intervenção mais adiante nas questões que precisam da direção do CEO. • Certificar-se de que as decisões-chave serão tomadas de maneira bem informada e em momento oportuno.

Fonte: Adaptado de Colleen Young e Dave Aron, *Identifying CEO Expectations and Delivering Against Them*. Gartner Executive Programs Report, agosto de 2009.

A última característica, porém aquela que possibilita todas as outras, é o compromisso do executor de alto nível para com as habilidades humanas. À medida que entrevistamos os executores de alto nível, consistentemente víamos que eles tinham a habilidade de formar os relacionamentos corretos. Isto é, subjacente ao entendimento da singularidade do relacionamento com o CEO e sua sensibilidade ao impacto de relacionamentos horizontais nos relacionamentos ascendentes, é o seu compromisso óbvio com a liderança humana. Vale a pena repetir que cada um desses executivos de TI estava inicialmente comprometido em ser aberto, acessível, dominar as comunicações e afins, e, em seguida, alavancar essas competências na criação do tipo de relacionamento confiável que eles desfrutarão com os colegas, o CEO e a diretoria. E isso está totalmente alinhado com o que vimos na figura 4-1. À medida que o papel do executivo de TI evolui e a dependência na TI como uma ferramenta facilitadora para ganhar o mercado cresce, crescem também as expectativas da empresa para a organização de TI e o relacionamento do executivo de TI – consequentemente, a dependência crítica nas habilidades humanas superiores.

Dick Gochnauer, CEO da United Stationers, e seu executivo de TI, Dave Bent, são um exemplo primário. A United Stationers é uma empresa que evoluiu na última década, de um distribuidor atacadista tradicional para um que entende que a "informática" possibilita o sucesso da logística moderna e que os serviços que agregam valor são um aspecto crítico dos relacionamentos dos clientes, receitas e lucratividade para seguir em frente. Gochnauer descreve seu relacionamento com seu executivo de TI:

> Eu vejo meu relacionamento com o Dave como qualquer outra pessoa na minha equipe de reportagem direta – a de um colega líder de negócios. Espero que ele seja um líder duro, não apenas em questões relacionadas à tecnologia, mas também na visibilidade precoce, conselho e aconselhamento a respeito das oportunidades para toda a empresa e questões de um ponto de vista de negócios mais amplos. Valorizo o discernimento que o Dave (e as pessoas-chave na sua equipe de TI) tem por conta de seu papel em TI, por exemplo, sua habilidade para identificar os indicadores iniciais de que um programa de negócios pode estar saindo dos trilhos ou identificar as oportunidades estratégicas sobre como eles podem melhor engajar os clientes e consumidores usando técnicas on-line.[7]

Como descreve Bent, a frequência e o tipo de interação, o nível do relacionamento entre o CEO e o executivo de TI e a confiança mútua tornam-se claros: "Quando estamos ambos no escritório, não é raro nos encontrarmos quase todos os dias". Pode ser nas reuniões formais de tomada de decisões (por exemplo, reuniões trimestrais de portfólio de TI que o Bent preside, reuniões de meio dia, cinco dias por semana do comitê da diretoria de tecnologia, reuniões da equipe de CEOs a cada duas semanas que frequentemente contêm itens na agenda de mudanças nos negócios possibilitada pela TI) e mais reuniões *ad hoc*, baseadas em ideias estratégicas emergentes (incluindo as sessões regulares com quadros brancos) ou questões de resolução de problemas que possam surgir.

Quando perguntado sobre o segredo do sucesso do relacionamento, Bent é rápido em ressaltar que este "foco maior está no diálogo aberto e na confiança". Ele explica que, se é para ele ser visto como um conselheiro confiável neste nível, ele precisa ter conversas cândidas. Além disso, o Bent garante que as conversações estão sempre focadas na questão comercial em mãos e elaboradas de acordo com o tipo de personalidade e estilo de tomada de decisão de Gochnauer. Por exemplo: "Eu sei que o Dick odeia ser surpreendido por notícias ruins e, portanto, valoriza o envolvimento e colaboração logo no início ao redor das iniciativas-chave ou questões principais".[8] Assim, embora o Bent admita que ele tenha sofrido os obstáculos inevitáveis no caminho durante seu tempo como executivo de TI, ter o relacionamento correto com o CEO – e com seus colegas de negócios – possibilitou que ele, pessoalmente, e a organização de TI maximizassem suas contribuições para os resultados dos negócios. Como um sinal adicional da recompensa, Bent foi recentemente promovido. Além de seu papel como executivo de TI, ele agora também tem responsabilidades de perdas e lucros para uma nova unidade de serviços de e-commerce.

Essa abordagem funciona, e funciona bem. Quando você entrega, administra a singularidade dos relacionamentos e engaja as habilidades de lideranças humanas esplêndidas, coisas excelentes acontecem. "Acabamos de passar por um processo de planejamento estratégico, em que entramos em detalhes incríveis sobre o que a universidade gastará nos próximos dois anos", Swartz da American University nos disse no final da primavera de 2009. "Eu tive de passar o ano anterior, meu primeiro na universidade, entregando cada aspecto do nosso plano e dando uma reviravolta em todos nossos relacionamentos com nossos colegas. E, embora estivéssemos em um dos períodos econômicos mais difíceis em 30 anos, consegui um aumento orçamentário de dois dígitos sobre o aumento significante que havia conseguido no ano passado. Além disso, o CFO sugeriu que descobríssemos uma maneira de fazer com que os outros departamentos agregassem tanto valor e trabalhassem tão bem quanto a TI."

RELACIONAMENTOS 101

Discutimos os relacionamentos horizontais, ou entre colegas, e os relacionamentos entre os CEO e o executivo de TI. Além disso, tocamos nos relacionamentos que você precisa formar com as pessoas fora da organização (fornecedores, integradores de sistemas, *joint ventures* e parcerias de negócios pela cadeia de suprimentos). Mas, esteja você discutindo esses relacionamentos ou aqueles que ainda não mencionamos, descobrimos que os executores de mais alto nível focam os mesmos ingredientes para o sucesso, não importa com quem eles estejam interagindo:

1. *Primeiro criam uma base de confiança.* Eles fazem o que dizem que irão fazer, seja entregando os compromissos no local de trabalho, seja agindo de maneira consistente e honrável - principalmente quando as coisas apertam.

2. *Estabelecem um ambiente de respeito mútuo.* Nenhum relacionamento profundo pode existir sem respeito. Ele começa com a habilidade dos executores principais em realizar seus trabalhos extremamente bem. (Assim, confiança, em grande parte, é o resultado de integridade mais complacência. Ninguém respeita alguém que não consegue fazer seu trabalho ou não consegue fazê-lo bem.) E assim eles sabem até onde conceder

e como manter sua posição. Eles não apenas recebem ordens. Eles sabem quando dizer não. Isso é importante (e nos leva a um círculo total nesse ponto) porque vencer depende da colaboração e requer respeito mútuo para poder realizar o melhor trabalho.

3. *Criam uma conexão pessoal em que as partes podem se relacionar às situações uma da outra.* Os principais executores se forçam a aprender vários motivadores pessoais e profissionais sobre cada pessoa, de forma a ter oportunidades para encontrar conexões. Assim, tendo criado a base de entendimento pessoal, tanto eles quanto as pessoas com as quais eles estão lidando conseguem superar tempos difíceis ou grandes conflitos com maior facilidade (outro exemplo de *soft skills* que produzem resultados sólidos).

4. *Trabalham constantemente no relacionamento.* Eles entendem que os relacionamentos podem murchar e morrer, portanto, ativamente o nutrem e o administram. Ao mesmo tempo, esses executivos de TI de alto nível sabem que nem todos os relacionamentos são iguais, de forma que eles ativamente dividem seu tempo para cultivar os relacionamentos mais importantes.

Para estabelecer essa confiança e promover relacionamentos vencedores, os executivos de TI com alto desempenho se inspiram muito nas competências interpessoais centrais descritas no capítulo 3. Os executivos de TI mostram que eles se importam e são abertos e receptivos, dois atributos que substancialmente facilitam a formação de um relacionamento. E eles usam esses relacionamentos, muitas vezes fora de canais formais, para colaborar e influenciar as principais decisões futuras.

O ponto é que muitos executivos de TI subestimam tanto o tempo que é preciso para desenvolver um relacionamento vencedor quanto o poder e a recompensa que ele pode proporcionar mais adiante. Mesmo assim, os executivos de TI com o mais alto desempenho estão extremamente focados em modelar os relacionamentos corretos como o meio primário para motivar resultados nos negócios.

Quando existem relacionamentos de confiança, respeitáveis, eles são os catalisadores para tomadas de decisões efetivas e em colaboração. Do mesmo modo, quando os ingredientes vencedores de relacionamentos não existem ou são, no mínimo, frágeis, mesmo o conjunto mais simples de decisões pode tomar um rumo dramático, prejudicando a eficácia da TI e os resultados de negócios mais amplos.

Os relacionamentos são realçados através de competências interpessoais centrais como ser solidário, se relacionar e ser aberto e receptivo. Quando o relacionamento é formado, cada parte pode trabalhar produtivamente com trocas vigorosas e encontrar uma solução mutuamente acordada com a qual ambos possam se comprometer.

"Se meus relacionamentos são profundos", diz Marv Adams, ex-presidente e CIO da Fidelity Shared Services, "meus colegas nas empresas não hesitam em confiar em mim quando as questões se tornam realmente significantes em suas áreas. Isso faz com que seja fácil para nós trabalharmos juntos para tentar descobrir o que fazer sobre essas questões".[9]

Isso, como ressalta Tim Tabor, CIO da Highmark, é algo no qual você precisa estar constantemente trabalhando. Tabor, por exemplo, pergunta a cada um dos membros da sua equipe se eles sabem quais são as metas profissionais, financeiras e pessoais de seus colegas. "Se eu não entendo – se minha equipe não entende – o que motiva um colega a agir, então o relacionamento é imprevisível. Eu quero que minha equipe desenvolva relacionamentos a ponto de poder me dizer como seus colegas são motivados do ponto de vista da carreira, do ponto de vista da empresa e do ponto de vista pessoal. É somente aí que você pode começar a entender a pessoa no outro lado do relacionamento e saber como se aproximar deles."[10]

CUIDADO: NAVEGANDO POR MINAS TERRESTRES POLÍTICAS

Pelo fato de desenvolvermos relacionamentos em todas as direções, o inevitável ocorrerá. "O executivo de TI encontrará um conjunto previsível de minas terrestres políticas que não têm nada a ver com os méritos técnicos da decisão em questão", nossa colega na Gartner, Tina Nunno, escreve no seu trabalho de pesquisa, "CIO Political Land Mines e How to Avoid Them (Minas Terrestres Políticas do CIO e Como Evitá-las)."

Mais especificamente, ela argumenta que existem quatro minas terrestres previsíveis que você provavelmente encontrará. A própria natureza do cargo do executivo de TI garante isso. A guerra será travada sobre essas questões politicamente declaradas:

Política e os resultados dos negócios estão intimamente relacionados. Executivos de TI que têm boas estratégias e grandes ideias, mas não conseguem influenciar as principais partes interessadas, encontrarão dificuldade para ter sucesso.

- *Escassez dos recursos.* A quantidade de dinheiro, pessoas e projetos que podem ser iniciados é limitada, e cada departamento quer mais do que sua parte justa. Quando os recursos são escassos e a organização não passou muito tempo pensando sobre como lidar com esses conflitos inevitáveis, essas minas terrestres são facilmente acionadas.
- *Controle.* Quem decide como as coisas serão feitas? Quem cria o cronograma e decide sobre os entregáveis? Muitas habilidades e iniciativas relacionadas à TI afetam a maneira que as empresas fazem seus trabalhos diários. Quando as mudanças iniciadas pela tecnologia são percebidas como cabos de guerra da TI, o resultado são as guerras. Para muitos gerentes, nenhuma batalha é pequena quando o controle está em jogo.

- *Status*. Porque os executivos de TI cada vez mais trabalham em iniciativas para toda a empresa, partes interessadas diferentes terão exigências diferentes, sendo que nem todas são possíveis de ser cumpridas. Inevitavelmente, alguns jogadores sentem que eles ganharão e alguns sentem que eles perderão, e, onde a perda significa uma perda de prestígio, as minas terrestres do *status* podem ser especificamente poderosas.
- *Crenças centrais*. Pode ser extremamente difícil fazer com que uma organização altere a base na qual ela se formou. Indivíduos, grupos e empresas muitas vezes têm fortes crenças sobre o que as tornam bem-sucedidas, onde estão seus pontos fortes e o que funciona e não funciona para eles. A TI proporciona dados e informações que podem ameaçar as crenças organizacionais centrais. Quando isso acontece, as pessoas e os departamentos afetados atacam.

Como dissemos, essas minas terrestres são inevitáveis. O que não é inevitável é ser vítima de uma delas.

A força dos relacionamentos com os executivos de TI, especialmente os relacionamentos horizontais discutidos com os colegas anteriormente neste capítulo, é um fator central para evitar, desarmar e se esquivar dessas minas terrestres políticas. Os executivos de TI com o mais alto desempenho que entrevistamos eram bastante cientes das dinâmicas políticas. Eles nos disseram que, quando enfrentam uma dessas minas terrestres políticas que acabamos de discutir, eles se aproveitam do seu estilo de liderança social-participativo para formar relacionamentos autênticos, confiáveis (e, em muitos casos, mais pessoais) para desativar a situação.

Resumindo essa questão sobre políticas, devemos estressar o imperativo prioritário: *evite as armadilhas de integridade*. Os relacionamentos em sua essência conseguem construir uma base de confiança. Entretanto, a confiança que precisa de muito tempo e esforço para ser ganha pode ser destruída em questões de segundos. Os executivos de TI com o mais alto desempenho estimam essa confiança acima de tudo – nunca comprometem sua integridade para um ganho em curto prazo.

Eles focam suas energias no desenvolvimento de relacionamentos autênticos e constantes, ativos que os permitem navegar por terrenos desafiadores e perigosos da função de executivo de TI e que reduz os riscos associados ao evitar as inevitáveis minas terrestres.

Se seus relacionamentos o mantêm seguro a ponto de permitir que você evite as minas terrestres políticas e o estão ajudando a motivar resultados nos negócios de forma colaborativa, a recompensa pelos relacionamentos corretos é enorme (figura 4-2).

A melhor maneira de combater com sucesso as políticas internas que você provavelmente encontrará é se aproveitando do estilo de liderança social-participativo e dos relacionamentos que você criou.

FIGURA 4-2

A formação de relacionamentos corretos maximiza seu alcance, possibilitando a entrega de resultados de forma colaborativa

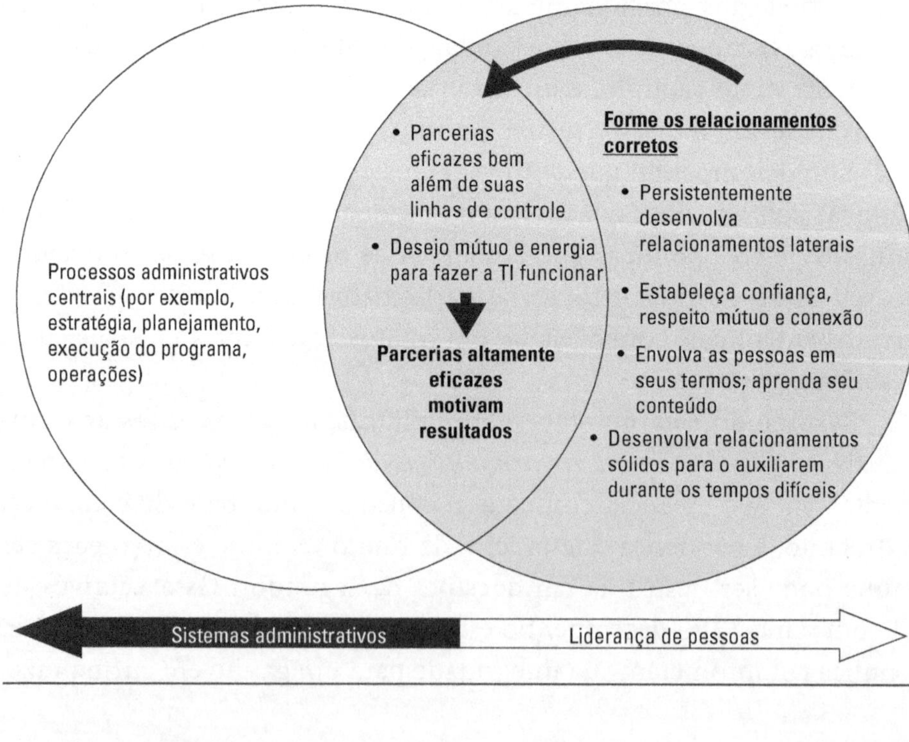

CHAMADA PARA AÇÃO

Se você ainda não estabeleceu os relacionamentos corretos com as pessoas corretas, considere as dicas seguintes para desenvolvimento:

CRIE UMA ESTRATÉGIA DE INVESTIMENTO NO RELACIONAMENTO. Os relacionamentos levam tempo para ser criados, e tempo é um recurso finito, portanto, escolha sabiamente. Determine quais relacionamentos serão mais críticos para você – não deixe passar os relacionamentos laterais críticos. Os relacionamentos que importam agora podem não ser os mesmos que farão uma diferença daqui a três, cinco anos, e vice-versa. Também, avalie a força atual desses relacionamentos e aloque seu tempo para construir o relacionamento de acordo. Por último, não se esquive dos relacionamentos que são mais difíceis de ser desenvolvidos, porém são mais críticos para seu sucesso.

PERGUNTE: "O QUE ELES TÊM A GANHAR?". Os relacionamentos são uma rua de duas mãos, assim sendo, o que você está oferecendo para a outra parte? A resposta a essa pergunta começa com o entendimento de quais são as necessidades dos outros. Algumas vezes, essas são evidentes, outras vezes, os sinais são mais sutis e em segundo plano. Ao responder ao que a outra parte precisa, considere todos os recursos que estão disponíveis para você, incluindo, talvez, sua rede de relacionamentos.

APRENDA O "OUTRO" LADO DA ORGANIZAÇÃO. Em qualquer ambiente de trabalho, existem na realidade duas organizações, a formal e a informal. A primeira é normalmente um mundo claro e bem definido de títulos, declarações de missão e políticas e procedimentos. A outra é um emaranhado mais ambíguo, algumas vezes definido pela lógica de regras e relacionamentos não escritos que não se encaixam organizadamente em um organograma. O sucesso requer o entendimento de ambos. Para aprender o último, veja e escute atentamente; nem tudo é o que parece ser na superfície.

FAÇA SUA JOGADA. Não espere que os relacionamentos o descubram. Tome a iniciativa e trabalhe para ativamente moldar as percepções dos outros. Isso pode parecer um desafio para aquelas pessoas naturalmente introvertidas entre nós, mas considere a alternativa. Ninguém tem sucesso (pelo menos não por muito tempo) ao tomar uma abordagem passiva ao desenvolvimento do relacionamento.

DIRECIONE A POLÍTICA COM INTEGRIDADE. Você enfrenta algumas minas terrestres políticas singulares por causa da natureza de seu papel como executivo de TI. Não deixe que seu medo das políticas e da ambiguidade que as acompanha leve-o a evitar situações politicamente motivadas ou negligencie o desenvolvimento de suas habilidades políticas. Em vez disso, acomode-se e use o estilo social-participativo e as habilidades interpessoais que melhoram o fluxo de informações e sua escuta em prever proativamente e desativar essas minas terrestres. Ao fazer isso, lembre-se de apreciar sua integridade o tempo todo.

RESUMO

Os relacionamentos vencedores são desenvolvidos sobre uma fundação de confiança e autenticidade, coisas que são realçadas pelo estilo social-participativo do executivo de TI. Pelo fato de os melhores executivos de TI se relacionarem bem, se importarem com as pessoas e serem abertos e receptivos, eles conseguem criar relacionamentos fortes e profundos.

Por que os relacionamentos vencedores são tão importantes? Por três motivos. O primeiro é aquele que temos falado a respeito o tempo todo. À medida que o número e complexidade de interações que temos com as pessoas vêm à tona – isto é, à medida que se torna cada vez mais importante fazer com que o trabalho seja feito através dos outros (e os outros cada vez mais não se reportam a nós) –, ter bons relacionamentos tornará muito mais fácil fazer as coisas. (E os bons relacionamentos dramaticamente aumentam as chances de que as coisas serão bem feitas e terão mais impacto.) Segundo, as pessoas trabalham mais arduamente, melhor e mais eficazmente quando elas trabalham com pessoas de que gostam, confiam e respeitam. Terceiro, quando aparecem obstáculos invariáveis na estrada e um projeto começa a sair dos trilhos, é muito mais fácil fazer com que as coisas continuem se movendo na direção certa se existe um relacionamento sólido entre as pessoas que precisam fazer com que o trabalho seja concluído.

Tudo isso explica por que você precisa desenvolver relacionamentos. (Tenha em mente que o estabelecimento de relacionamentos não se acaba dentro das paredes de seu prédio. Eles precisam se estender para todas as partes interessadas. Isso significa, é claro, que você precisa se adaptar às diferenças globais e culturais.)

A próxima pergunta é: Quais relacionamentos você precisa desenvolver? A resposta é que você deve administrar relacionamentos de cima, de baixo e especialmente laterais. Como vimos, os relacionamentos laterais são muitas vezes os mais críticos para fazer com que nossos trabalhos sejam feitos. Paradoxalmente, como descobrimos durante nossa pesquisa, os relacionamentos entre colegas são aqueles com os quais a maioria dos executivos de TI gasta a menor quantia de tempo.

O aprendizado deste capítulo está claro: o patamar foi elevado. Você precisará dominar uma quantidade maior – e mais ampla – de relacionamentos. Você precisará de tempo para investir, atenção e paixão para criar relacionamentos verdadeiros que o ajudarão a entregar a promessa da TI.

Por quê? Basicamente, é o poder dos relacionamentos corretos que permite que você produza os resultados corretos.

5

DOMINE AS COMUNICAÇÕES: SEMPRE E DE TODAS AS MANEIRAS

MOTIVANDO A AÇÃO DE QUE VOCÊ PRECISA

Owen McCall, CIO da Warehouse Group, estava tentando pensar em uma maneira de comunicar uma parte essencial da liderança. Ao se lembrar de umas férias recentes, ele chegou a uma metáfora:

> *Estávamos de férias e fomos para o Franz Josef Glacier na Nova Zelândia.*
>
> *Conforme você anda pelas geleiras, há um rio alinhado com pedras na altura exata para pular se você tiver 5 anos de idade.*
>
> *Meu filho, Ryan, subia em uma pedra de mais ou menos 30 cm e pulava no espaço vazio, subia numa pedra diferente e pulava outra vez, porque é isso que os meninos de 5 anos fazem.*
>
> *Bem, estava ficando tarde e o resto da família já se preparava para ir se arrumar para o jantar. Eu fiquei para trás com o Ryan, e ele ficava subindo nas pedras e pulando.*
>
> *Eventualmente eu disse: "Olha, Ryan, você precisa parar porque precisamos nos encontrar com o resto do pessoal". Assim, peguei*

sua mão e começamos a andar em direção ao restante do grupo. E, como sempre acontece com os meninos de 5 anos de idade, ele ficou rapidamente cansado porque não estava fazendo o que queria. Depois de alguns passos, ele disse: "Pai, me carrega, me carrega".

Bem, tínhamos um longo caminho a percorrer até o chalé, e as crianças de 5 anos são pesadas. Foi quando percebi que o que eu precisava fazer não era impedi-lo de pular das pedras, mas fazer com que ele pulasse das pedras enquanto caminhávamos de volta para o chalé.

Eu disse: "Ryan, vamos ver quantas pedras você consegue pular daqui até aquela árvore" (a qual era no caminho em direção ao chalé). Ele saiu correndo, subindo nas pedras e pulando, correndo para a próxima pedra. Quando o alcancei na árvore, eu disse: "Veja se você consegue bater seu próprio recorde quando chegar à próxima árvore". Novamente, ele saiu correndo e continuou fazendo isso até chegarmos ao chalé. Ele se divertiu muito e acabamos chegando lá a tempo.

Quando pensei nisso mais tarde, percebi que, como líderes, muitas vezes matamos a paixão das pessoas ao dizer o equivalente a "Pare de pular dessas pedras. Você precisa seguir em frente e fazer isso ou aquilo".

Uma abordagem melhor é direcionar a paixão das pessoas. Não impeça que elas subam e pulem das pedras, mas que subam e pulem as pedras na direção correta.

Vamos parar de matar as paixões das pessoas e, em vez disso, vamos aproveitá-las.[1]

É uma história maravilhosa e claramente capta uma das características-chave que os melhores executivos de TI usam ao se comunicar. Eles fazem com que seus pontos de vista cheguem às pessoas de maneira pessoal, autêntica e relacionável, e esclareçam qual ação eles querem que as pessoas tomem. ("Vamos parar de matar as paixões das pessoas e, em vez disso, vamos aproveitá-las".)

Mas eles fazem muito mais do que isso. Os melhores executivos de TI estão cientes de que eles estão sempre se comunicando – pelo tom de suas vozes, sua seleção de palavras, sua linguagem corporal, seu nível de energia e, ah, sim, o que eles realmente dizem. Porque eles sabem que estão sempre enviando uma mensagem, querem ter certeza de que estão se comunicando eficazmente de *todas* as maneiras – para cima, para baixo e nas laterais.

Por que a comunicação é tão importante? Se você não consegue articular sua visão e ideias e convencer as pessoas a seguirem-no, então você não pode liderar.

Por último, os executivos de TI com o mais alto desempenho estão constantemente *ouvindo* não apenas para garantir que suas mensagens sejam recebidas, mas também para ver se eles estão aprendendo ou escutando coisas que podem ajudá-los a refinar o que eles precisam dizer. Agindo assim, os executivos de TI conseguem fazer uma conexão muito mais próxima com seu público – seja este uma única pessoa, seja toda uma organização.

Vamos examinar todos esses tópicos em detalhes, começando com algo de que talvez você não tenha pensado muito a respeito.

1. SEMPRE SE COMUNICANDO

O que a maneira como você se comunica diz aos outros sobre você como líder? Tudo.

Percepção é realidade. A percepção da credibilidade, do papel na empresa e do valor da organização de TI e a percepção de você como um líder são moldadas pelas suas comunicações com todos, dentro e fora da sua empresa.

E a percepção das pessoas é realidade. Se você não consegue influenciar eficazmente as percepções, então você as deixa ao acaso, colocando-se em uma enorme desvantagem.

Richard Gius descreve como ele pensa sobre tudo isso em termos de "a sombra do líder": "O que eu sei agora, o que foi difícil para eu entender no início da minha carreira, é que a imagem que você projeta como líder tem um enorme impacto na moral de sua equipe e do suporte que você tem de seus parceiros comerciais. A imagem que eu projeto, a confiança, a urgência ou a paixão que demonstro são coisas nas quais trabalhei arduamente durante o curso de minha carreira".[2]

Este era um tema consistente quando falamos com os melhores CIOs. Em algum ponto de suas carreiras, eles passaram a perceber que estavam sempre se comunicando – quisessem ou não.

Gerald Shields da Aflac conta uma história maravilhosa que acerta em cheio:

> Eu estava distraído – lidando com vários problemas simultaneamente – quando três pessoas da minha equipe vieram me ver sobre um problema no qual *elas* estavam trabalhando. Elas disseram que haviam encontrado uma solução.
>
> Pedi a elas que me explicassem, e, quando acabaram – novamente, eu não estava prestando muita atenção –, eu disse: "Se vocês acham que assim é melhor, tudo bem para mim". E com isso, voltei a fazer o que estava fazendo.
>
> Alguns dias depois, eu os vi reunidos na sala de reunião. Dei uma olhadinha lá dentro e perguntei o que eles estavam fazendo. Eles me disseram que estavam trabalhando na solução do problema que eu achava que eles tinham resolvido.
>
> "Há dois dias vocês me disseram que tinham uma ótima solução."
>
> Eles disseram: "Sim, mas dava para ver que você não tinha gostado".
>
> Eu disse: "Eu achei que era uma boa solução. Eu falei isso para vocês".
>
> Eles disseram: "Não. Dava para ver pela sua linguagem corporal, pelo seu nível de energia e pelo seu modo de responder que você não tinha gostado".

> Eu disse: "Não, vocês me disseram que esta era a melhor solução. Ela é boa; gostei dela".
>
> "Não foi o que ouvimos."
>
> "Mas foi o que eu disse."
>
> Eles me disseram: "Foi o que você disse com suas palavras, não foi o que você disse com a maneira como você nos respondeu".
>
> Eles não acreditaram em mim, embora tenha sido o que eu queria dizer.
>
> Isso me lisonjeou tanto quanto me enfureceu, mas o fato é que qualquer movimento que eu faça estou sendo observado. Isso eu não posso ignorar. Para mim, a parte mais difícil deste trabalho é entender como eu causo impacto na organização com meu nível de energia, meu palavreado, meu entusiasmo e como eu trato as pessoas.[3]

Embora possam não gostar, executivos como Shields e Gius entendem que eles devem "sempre" dominar as comunicações, pois eles estão constantemente (isto é, sempre) enviando uma mensagem quer queiram, quer não.

Porque os executivos de TI com alto desempenho sabem que eles estão sempre se comunicando, consistentemente monitoram para ver se eles e as pessoas na outra extremidade estão em sincronia. Os executivos de TI também estão constantemente checando para ver como as outras pessoas os percebem para poder reforçar os valores, comportamentos e ações desejados. Não é nenhuma surpresa que, pelo fato de eles assumirem essa abordagem, todas suas comunicações – desde o comentário aparentemente casual para uma apresentação maior – são mais eficazes. Há também outra vantagem em assumir essa abordagem. Ao gastar tanto tempo pensando e planejando suas mensagens centrais, você poderá ser mais eficaz nas suas comunicações diárias e não planejadas (isto é, uma conversa rápida no corredor), pois você sabe exatamente o que precisa comunicar. Tudo isso naturalmente leva ao ponto seguinte.

UMA PERGUNTA POTENCIALMENTE PERTURBADORA

Imagine que uma câmera esteja te seguindo o dia todo no ambiente de trabalho e gravando suas interações com todos. Se, no final do dia, você assistisse à gravação, gostaria do que viu? O que suas comunicações transmitem (ou não transmitem) para os outros sobre sua liderança?

2. COMUNICANDO-SE DE TODAS AS MANEIRAS

O bom executivo de TI entende o poder das comunicações. Os excelentes desenvolvem uma disciplina ao redor dessas. Eles fazem-na da mesma maneira como um gerente de projeto excelente lida com uma tarefa: eles pensam em termos de requerimentos; entendem seu público; diagramam os fatores de sucesso e os riscos potenciais; e sabem o que precisa ser entregue e quando. E, quando eles entregam, buscam *feedback* e fazem os ajustes necessários para produzir os resultados desejados.

Eles continuamente lutam para executar eficazmente, seja fazendo apresentações formais, seja tendo encontros casuais nos corredores. Enquanto a conversa deles com alguém perto da máquina de café pode parecer extemporânea, a realidade é que as mensagens fundamentais foram bem pensadas. Quando essas mensagens são categorizadas, os executivos de TI com o maior desempenho tendem a ter quatro características em comum. Os melhores executivos de TI nos dizem que, quando se trata de comunicações, você precisa ter certeza de que é: (1) motivado pelo propósito na sua abordagem; (2) consistente, constante e no contexto; (3) pessoal e autêntico; e (4) fácil de se relacionar. Porque nossa pesquisa tem mostrado que muitos executivos de TI não tão bons fracassaram em pelo menos uma dessas áreas, vamos rapidamente elaborá-las uma por vez.

Motivado pelo Propósito

Dizer que suas comunicações precisam ser motivadas por um propósito é algo preciso, porém um tanto abstrato. Assim sendo, vamos trazê-las para nosso contexto e ver o que elas significam em termos diários.

Quando dizemos que todas as suas comunicações precisam ser motivadas por um propósito, o que estamos realmente dizendo é que, antes de qualquer interação, você quer se perguntar: O que estou tentando realizar?

Se fizer isso, você acabará com a mesma conclusão o tempo todo: Eu quero que a pessoa (ou pessoas) com a qual estou me comunicando faça X. O X seria algo específico, como "entregar resultados extraordinários do projeto que vão além de simplesmente estar de acordo com o cronograma ou com o orçamento", ou o entendimento de uma parte crítica de seus empregos, como "nós somos o departamento que tem de fazer com que todas as outras partes da organização funcionem no seu potencial máximo".

Os alto executores pensam a respeito das necessidades de comunicações como uma disciplina – no processo, eles planejam o encontro não planejado.

Entendendo que as comunicações mais potentes são aquelas que motivam um indivíduo a tomar medidas específicas, Richard Guis diz: "Eu tento me certificar de que a visão mais ampla sempre se traduza no que eu chamo de centenas e centenas de microvisões, a maneira como minha equipe vê como eles fazem seu trabalho. Se eu digo que minha visão é transformar a TI em uma organização de classe mundial, ou ser a melhor da classe em nossa indústria, não significa muito para o meu engenheiro de rede ou pessoa do *helpdesk*. Mas se eu disser que esta é a nossa missão e comunicá-la de maneira significativa para as equipes individuais, digamos, por exemplo, meu grupo de gestão de projetos, aqui está o que precisamos fazer para tornar essa visão uma realidade – temos de estar no horário e dentro do orçamento – eles então entenderão e saberão o que significa para eles".

TESTE RÁPIDO

Pense em um plano recente ou alguma outra questão que você tenha comunicado. Faça um estudo informal das pessoas em todas as direções – para cima, para baixo e para os lados. Teste para ver quão consistentemente elas respondem a perguntas sobre o que você tem a intenção de comunicar.

Sherry Aaholm da FedEx concorda e ressalta os esforços que você precisa comprometer para realizar isso: "No início da minha carreira, eu lidei muito com muitos clientes, e assim passei a entender a mentalidade de vendas. E isso é exatamente o que você está fazendo aqui. Você está vendendo suas ideias e sua visão, e isso significa que precisa se conectar com algo que repercuta para seu público".[4]

Aqui está um exemplo de um CIO que pediu para não ser identificado, de como isso acontece, na prática:

> Todos os trimestres, na tentativa de desenvolver educação sobre a TI por toda a organização, escolho uma nova tecnologia, um *gadget* da TI ou uma tendência da TI (antigamente eram os pacotes de *booster* de sinal; mais recentemente foram os sites de redes sociais). Eu examino o tópico, estudo a imprensa, falo com meus arquitetos e meu CTO [diretor de tecnologia] e aí então eu me sento e penso. Para mim é uma questão de RP. Quais são minhas mensagens principais e quais são seus públicos? Em seguida, depois de tudo isso, eu realmente *nunca* faço uma apresentação formal. Por quê? Porque as apresentações entediam as pessoas – e, algumas vezes, parece que eu estou tentando lhes vender um carro usado.
>
> Em vez disso, foco o trimestre em usar as oportunidades, como um almoço na cafeteria; esperar pelo elevador ou usar o tempo antes do início de uma reunião, quando 80% das pessoas estão esperando pelos 20% que não aparecerão – qualquer oportunidade que puder – para introduzir o que aprendi na conversa.

> Mas o que os surpreende, e eu espero que seja eficaz, é que posso falar claramente, de maneira concisa e em termos que esse público específico de negócios se importaria – porque pensei em tudo isso de antemão. Ei, pode ser que eu não pareça tão indiferente como penso, mas posso lhe dizer isso: ultimamente tenho conseguido definitivamente sentir a melhoria na qualidade de questões relacionadas à tecnologia que eu recebo da empresa. Alguma coisa está funcionando.

Claramente, é necessário fazer com que sua intenção seja entendida, mas não é o suficiente para a comunicação eficaz. É necessária certa quantia de *finesse* para levar a comunicação para o próximo nível. Ela começa com a arte da mensagem.

Consistente, Constante e no Contexto

Você consegue mudar a maneira como expressa sua mensagem em palavras? Absolutamente, e deveria fazê-lo. As pessoas processam informações de maneiras diferentes. E elas ficam entediadas ao ouvir a mesma ideia expressa da mesma maneira continuamente.

Você consegue mudar a maneira como apresenta a mensagem? Novamente, sim.

Mas a substância de sua mensagem – as coisas que você acredita e pelas quais luta – pode mudar? Absolutamente, não.

Você sempre quer que as pessoas saibam o que é importante, qual a sua posição e onde elas deveriam concentrar suas atenções. Dessa maneira, não há esforço desperdiçado e todos estão indo na mesma direção. Quando isso acontece, é uma força poderosa, como ressalta Filippo Passerini, CIO da P&G: "Nós constantemente estudamos nossos funcionários em todos os níveis ao redor do mundo, e nossa pesquisa mostra que a maioria consegue proporcionar uma boa conversa de elevador sobre qual é a nossa posição e o que queremos focar".[5] Ao continuamente repetir a importância do foco do cliente nas palestras para grupos grandes, grupos pequenos e em sessões de uma para um, o Passerini fez com que a mensagem ressoasse.

Como você pode ver, isso não acontece por acaso. Você precisa estar constantemente comunicando os pontos que quer fazer com que as pessoas entendam. Como nos disseram vários executivos de TI bem-sucedidos, é impossível transmitir a mesma mensagem muitas vezes.

Para muitos gerentes, esta é uma ideia difícil de compreender – especialmente para aqueles que surgem no lado técnico da organização. Eles não entendem por que a repetição é necessária. Eles acham que é suficiente dizer apenas uma vez. Bem, não é.

Embora fosse bom acreditar, as pessoas simplesmente não assimilam cada palavra sua ou cada e-mail e memorandos. A falta de atenção delas não é maliciosa. Elas simplesmente são distraídas. Tem aquele projeto que era para ontem, aquele fogo que precisa ser apagado agora e a colega infeliz que acabou de enviar seu terceiro e-mail em 23 minutos exigindo que algo seja feito para ajudá-la! É por isso que você quer entregar a mesma mensagem (usando palavras e técnicas diferentes) repetidamente.

Ramón Baez, CIO da Kimberly-Clark, nos contou como ele passou a acatar essa posição: "Eu li a biografia de grandes líderes na história, como Mahatma Gandhi, Winston Churchill, Martin Luther King e outros. Uma das incríveis características comuns é sua habilidade de continuamente, através de métodos simples, repetir. No caso de Mahatma Gandhi, por exemplo, ele deve ter falado centenas de horas na sua vida para multidões diferentes de pessoas, e ele sempre parecia ter as mesmas três ou quatro mensagens. Penso sobre isso como minhas próprias comunicações".[6]

A entrega constante e consistente de mensagens ajuda a criar uma "memória organizacional" ao redor do que importa, do que as pessoas precisam fazer e como é o sucesso.

Como nos diz Gius: "Você simplesmente precisa estar comunicando, comunicando, comunicando. Quanto mais eu comunico, melhor os resultados parecem ser. E também percebi que, quanto menos eu comunico, ou quanto mais presumo que as pessoas entenderam a mensagem, mais me surpreendo de que elas não entenderam – e como os resultados são decepcionantes".

Pessoal e Autêntico

Os organogramas podem ser enganosos. É claro que eles mostram uma estrutura formal de reportagem, mas como todos sabem, você não pode escolher nomes aleatoriamente, colocá-los em uma das caixas no organograma e esperar os mesmos resultados. As pessoas não são inspiradas a dar o melhor delas porque são lideradas por um triângulo no organograma. Elas são lideradas por Bill Smith, CIO, ou Sally Jones, chefe de desenvolvimento de software. E elas simplesmente prestarão mais atenção, ou se esforçarão mais, em alguém que veem como uma pessoa real, em oposição a um executivo que veem apenas como outro nome vago. (Nesse quesito, elas não são nem um pouco diferentes de você.) É por isso que você quer ser visto como uma pessoa real, alguém aberto e receptivo, que se importa e que seja autêntico, como discutido no capítulo 3.

Autenticidade é tão importante quando se trata de lidar com partes interessadas fora das paredes de sua empresa – parceiros de *joint ventures* e outros. Você precisa influenciá-los e persuadi-los, já que eles não trabalham diretamente para você, e tem mais chances de fazer isso se for visto como uma pessoa real, alguém com quem eles podem se relacionar e respeitar.

A última observação é muito importante. Você precisa ser respeitado e visto como autêntico e consistente porque o clichê "As ações falam mais alto do que palavras" é absolutamente correto. Você precisa modelar o comportamento que quer. Se você fala sobre trabalho em equipe, mas se coloca sob os holofotes, ou se escreve e-mails sobre a importância da inovação e ainda assim pune os erros bem-intencionados, as pessoas logo verão essa atitude e ou pararão de prestar atenção à sua mensagem ou, pior ainda, rejeitarão sua mensagem.

Sim, queremos que sua comunicação seja autêntica e pessoal, porém, igualmente importante, você quer ter certeza de que ela será entendida. Isso significa que você precisa criar uma conexão com seu público. O que a sua mensagem significa para o ouvinte? Como eu quero que ele aja diferentemente? Se a conexão não ocorrer, a comunicação não ocorrerá.

Mas – um grande *mas* – a comunicação não é apenas experimentar o que você tem a dizer com o que você quer realizar; é crítico que a comunicação esteja diretamente relacionada à situação do seu público. As pessoas precisam entender não apenas o que você está dizendo, mas também como isso as afeta.

Não há dúvidas de que a história de Owen McCall sobre seu filho pareceu pessoal e autêntica. Ela estava claramente ligada à sua própria situação. Todas as pessoas na plateia conseguiram visualizar o McCall "Pai" para o Ryan – tentando lidar com um filho extremamente energético. Mas, até o final da palestra, também estava claro o que o McCall queria que seus ouvintes fizessem depois de ouvir a história. Ele estava exortando as pessoas a gastar um tempinho pensando sobre como canalizar o entusiasmo de seus funcionários em vez de frustrá-los.

Relacionável

Um fundamento de todas as comunicações é a necessidade de moldar sua mensagem de acordo com seu público-alvo. Especialmente no mundo da tecnologia, em que a educação de seus parceiros varia dramaticamente, a necessidade de se comunicar nos níveis deles é crítica. Os alto executores comunicam de forma a se relacionar e, consequentemente, motivar a ação desejada.

De fato, nossa pesquisa indica que eles são mestres no uso de histórias e metáforas. Por exemplo, o público do McCall "entendeu" porque ele abriu sua palestra com algo que era universal. Mesmo as pessoas na plateia que não tinham filhos reconheceram o que ele estava falando quando ele descreveu o comportamento de seu filho. McCall conseguiu essa resposta ao moldar sua história para os gerentes preocupados em obter o melhor de seus funcionários.

Quando perguntamos aos executivos de TI como eles desenvolveram suas habilidades para usar metáforas, muitas pessoas falaram sobre como elas aprenderam primeiro a respeitar o papel de comunicações no início de suas vidas. Como disse Ross Philo, do U. S. Postal Service: "Eu não posso dizer que hoje me sento conscientemente e penso na metáfora para usar em cada situação. Ela vem naturalmente. Mas eu acho que é porque logo no início eu reconheci como era crítico conectar minha ideia ao entendimento dos outros. Assim, sempre fiquei ciente de metáforas, e as armazenei. Eu leio muito, escrevo muito e essas atividades me ensinam metáforas úteis. Como resultado, tenho um portfólio inteiro de metáforas em minha mente, as quais posso recuperar em situações diferentes".[7]

Outro meio de se conectar é focar o que precisa acontecer - colocar cada pessoa no modo de pensar sobre qual é a meta. O presidente e CEO do Northwestern Memorial Hospital, Dean Harrison, explicou o estilo de comunicação de seu CIO, Tim Zoph: "O ponto forte do Tim é que ele consegue simplesmente declarar a meta do projeto e a maneira mais eficiente e eficaz de realizá-lo, falando sobre a instalação de um novo sistema, a melhoria ou a troca de um sistema. Ele não tenta explicar as complicações da tecnologia".[8]

Sandra Camelo dos Santos, CIO da empresa hidroelétrica do Rio São Francisco no Brasil, diz: "Todos os anos, trabalhamos em conjunto com nosso departamento de comunicações para que nos ajudem a criar campanhas de comunicação para garantirmos que valores, metas e contribuições da TI são entendidos - e apoiados. Na realidade, recentemente nos aproveitamos do fato de estarmos em uma área bastante agrícola e usamos a metáfora agrícola de plantar e colher para conseguir suporte com nossa mais recente campanha sobre o processo e como os processos seguintes agora rendem resultados excelentes".[9]

Como você sabe quando está realmente se conectando? Um CEO nos deu seu próprio teste: "Quando o público vai embora, não quero que eles apenas entendam *o que* eu disse; quero que eles *sintam* o que eu disse".

O acid test não é se você se sente bem em relação à comunicação. Pelo contrário: As pessoas internalizam sua mensagem? Elas vão da conscientização para a compreensão, empenhando-se, e, finalmente, do compromisso para a ação?

---

3. OUVIR

Quando pedimos à Sandra que definisse as três competências mais críticas necessárias para os executivos de TI de hoje, ela imediatamente apontou a importância de ouvir: "Somos bombardeados com informações e, em troca, bombardeamos as pessoas com informações. É crucial estar atento e saber como ouvir para poder decodificar as mensagens recebidas. Também tenho de ser capaz de decodificar as mensagens externas, por parte da minha equipe, para que elas possam se relacionar e ser mais firmemente integradas ao restante da empresa".

A maioria das pessoas pensa nas comunicações como uma troca bilateral de pensamentos, sentimentos e ideias. Para levá-las um pouco mais adiante, o sucesso básico das comunicações é até onde a mensagem é recebida e acatada para um resultado compartilhado.

Essencial à noção central de comunicações como um processo bilateral é a habilidade de ouvir e buscar, aceitar e agir sobre o *feedback*. Porém, essa simples definição de comunicação bem-sucedida é, no entanto, muitas vezes ignorada no aglomerado de todas as outras coisas que estão acontecendo.

Ouvir é a maneira básica de demonstrar que não é sobre você e sua agenda, e ouvir também é uma ferramenta excelente para quebrar as barreiras e obter mais do que você quer das outras pessoas. Em vez disso, a pesquisa de Lominger indica que a habilidade de ouvir é "um bem para a economia", uma qualidade ou característica de redenção que compensa outras características geralmente negativas. Infelizmente, a pesquisa também indica que poucos executivos são bons ouvintes. Como é triste ver que algo com tanto potencial é mediocramente executado.

Para garantir que você de fato é um bom ouvinte, talvez queira revisitar o básico. Certifique-se de não estar enviando mensagens não planejadas ao arquear suas sobrancelhas ou ficar agitado. Os bons ouvintes também fazem muitas perguntas. Por último, desafie você mesmo ao perguntar a alguém que você confia o que você faz quando não está ouvindo, e trabalhe para eliminar essas coisas que terminam as conversas. Dar um *feedback* também é uma forma de ouvir.

Lembre-se do ditado Zen: "Se uma árvore for derrubada na floresta e ninguém a viu ou a ouviu cair, isso realmente aconteceu?". Bem, em um nível, é claro que sim. A árvore caiu. Esta é a premissa do ditado. Mas é uma boa pergunta porque ela se relaciona a qual informação foi recebida. Ninguém viu ou ouviu a árvore caindo, então podemos legitimamente questionar se ela realmente caiu.

É o mesmo com sua mensagem. Se você diz algo, envia um e-mail ou dá uma palestra e ninguém presta atenção, então é como se você não tivesse comunicado nada.

Mas apenas fazer com que seu público receba a mensagem não é suficiente. Você precisa criar algum tipo de sistema de *feedback* para ver se a mensagem foi entendida e os ouvintes sabem o que fazer com a informação.

No mundo hiperconectado, as comunicações estão cada vez mais críticas. Se você não consegue ver sua mensagem sendo recebida, como sabe se ela foi? Você ouve o *feedback*, através do cinturão de *feedback* que estabeleceu, quando este retorna para você.

Por exemplo, o Passerini da P&G diz que sua empresa faz "muitas pesquisas formais e informais com nossos parceiros comerciais, e esse *feedback* faz parte da avaliação do desempenho para nosso pessoal. Assim, entende-se claramente e de maneira muito concreta e muito material que é importante que ouçamos o que nossos parceiros comerciais têm a dizer. Quão bem fazemos isso faz parte do nosso sistema de recompensas".

Para a maioria dos executivos de TI, o *loop de feedback* é muito mais pessoal. É certificar-se de que eles tirarão tempo para verdadeiramente ouvir, valorizar e usar a riqueza de informações de um processo de comunicação bilateral para maximizar sua eficácia como líder. Não importa como se faz, mas, se você conseguir dominar as comunicações, a recompensa será enorme, como vemos na figura 5-1.

FIGURA 5-1

Ao dominar as comunicações, possibilita clareza e consistência do propósito que motiva a ação correta

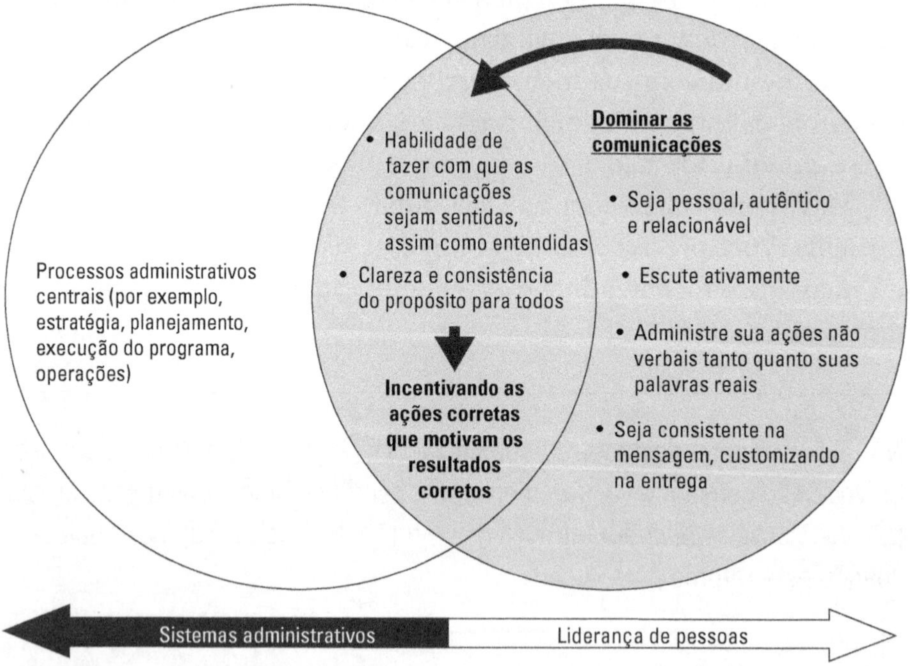

CHAMADO PARA AÇÃO

Se as coisas ainda estiverem perdidas na tradução entre você e os outros, considere as dicas seguintes para desenvolvimento.

OUÇA COM SEUS OLHOS (NÃO APENAS SEUS OUVIDOS). Lembre-se da última vez que você esteve em uma situação em que você estava observando alguém que absolutamente não estava se conectando com seu público, mas não tinha a mínima ideia disso e simplesmente continuou? Doloroso, não é mesmo? Evite o mesmo dilema ao observar os membros de sua plateia atentamente e "leia" suas reações, sendo que algumas delas podem ser sutis. Em seguida, faça ajustes conforme você segue em frente e veja se está se aproximando da marca.

OBTENHA *PLAYBACK* INSTANTÂNEO. Uma boa maneira de ver se sua mensagem foi recebida é fazer com que outras pessoas a repitam para você em suas próprias palavras. Isso é especialmente importante se a mensagem que estiver entregando for singular, complexa e importante. O único problema com essa abordagem é certificar-se de que você não entregará sua solicitação de maneira a soar condescendente. Se necessário, use um pouco de humor autodepreciativo e ressalte que você apenas queria se certificar de que estava tentando soar como pretendido.

NÃO SÃO APENAS AS PALAVRAS QUE VOCÊ ESTÁ TENTANDO COMUNICAR. Assim como outros comportamentos não-verbais transmitem uma mensagem importante sobre como você está sendo recebido, o contrário também se aplica. Uma das coisas sobre a comunicação não-verbal é que existem coisas que habitualmente fazemos (cruzar os braços, brincar com a tampa da caneta, olhar fixamente pela janela, etc.) que enviam uma mensagem que necessariamente não temos a intenção de enviar. Ainda assim, não temos a mínima ideia de que este é o impacto que estamos tendo.

RECRUTE UM PAR EXTRA DE OLHOS E OUVIDOS. Em relação ao ponto anterior, todos nós precisamos estar mais cientes do impacto que estamos realmente tendo. Recrute um colega – alguém que você confia que lhe dará um *feedback* honesto – como cão de guarda. Se vocês estiverem juntos em reuniões e conversas informais, peça a essa pessoa que lhe dê um *feedback* (positivo e negativo) de como você soa e quais ajustes poderia fazer. É especialmente útil se essa pessoa tiver consciência de algumas áreas problemáticas de comunicação que você está tentando visar.

REMOVA OS CLICHÊS (E OS JARGÕES TÉCNICOS). Nada mina a autenticidade (e cria confusão) como uma linha interminável de palavras que soam impressionantes, mas que nada agregam. Não se esconda atrás do seu pedigree técnico ou de suas habilidades ginásticas verbais para se conectar com seu público. Apenas pense sobre o que você realmente quer transmitir e, em seguida, ajuste a mensagem ao passá-la pela lente de seu público.

RESUMO

Não é por acaso que os executivos de TI com o mais alto desempenho se comunicam tão bem – sempre e de todas as maneiras. Eles sabem que isso é uma parte central de seus empregos, isso porque se você não consegue transmitir suas ideias e persuadir os outros a segui-lo, você não pode liderar. É por isso que eles colocam o que pode parecer uma ênfase desproporcional nas comunicações, para que seus públicos possam se relacionar.

Isso não ocorre por acidente. Os melhores executivos de TI trabalham em suas habilidades de comunicação. Eles aplicam disciplina para a comunicação: pensamento, planejamento, análise. Eles estão constantemente checando para certificarem-se de que as informações que eles estão tentando transmitir seja clara, concisa e consistente. Igualmente importante, eles estão sempre se certificando de que os pontos que estão tentando provar não sejam apenas ouvidos, mas também entendidos e acatados. Eles são ouvintes ativos. Eles aprenderam a ouvir, mesmo quando a mensagem é algo que eles não querem ouvir. Ao ouvir, eles não estão apenas aprendendo coisas novas, mas também armazenando o *feedback* que precisam para garantir que suas mensagens estão sendo entendidas.

Por que esses esforços são importantes? A meta básica de qualquer esforço de comunicação é motivar a ação desejada. Vender suas ideias, inspirar e alcançar resultados por meio dos outros, construir grandes relacionamentos – todas essas atividades dependem de ótimas comunicações. É por isso que os melhores executivos de TI consideram o domínio das comunicações vitalmente importante – de todas as maneiras e sempre.

6

INSPIRE OUTRAS PESSOAS

VOCÊ NÃO CONSEGUE LIDERAR SE OUTRAS PESSOAS NÃO O SEGUIREM

Marv Adams, ex-presidente da Fidelity Shared Services, a qual inclui as divisões de tecnologia, operações e imobiliárias da enorme empresa de investimentos, falou, entusiasticamente, sobre os chefes que ele teve durante sua carreira.

> *Fui exposto a alguns líderes realmente bons e alguns realmente ruins durante minha carreira. Com os bons, vi a energia e o alinhamento que é criado, quanto você consegue realizar e como as pessoas boas se sentem sobre sua afiliação com o grupo. Os melhores chefes inspiram as pessoas que trabalham para eles a dar o melhor de si, em vez de oferecer o mínimo. Invariavelmente, é aquele esforço extra, discricionário que determina se algo terá sucesso ou não.*
>
> *E, com os líderes ruins, tenho visto quão rapidamente eles destroem a confiança, quanto estresse é criado no ambiente de trabalho e como eles têm um impacto negativo na produtividade. Por isso, é muito importante ter uma paixão e entusiasmo a fim de motivar as pessoas para obter níveis mais altos de desempenho.*[1]

Este é um ponto que ouvimos repetidamente dos executivos de TI com alto desempenho. Eles falavam - com paixão e extensamente - sobre a importância de fazer com que as pessoas se entusiasmem em realizar grandes coisas através da TI, por parte da empresa.

E o que esses executivos de TI dizem é uma habilidade crítica confirmada pela pesquisa empírica de Lominger. A habilidade para inspirar os outros é uma das três características mais altamente correlacionadas com o sucesso dos executivos - as outras duas são a habilidade para criar o novo e o diferente (o qual falaremos a respeito mais adiante no capítulo) e a habilidade para tomar decisões complexas (cobertas no capítulo 2). Por que a habilidade de inspirar é tão importante? Porque é a melhor e mais eficaz maneira de ir da visão à execução - ela motiva as pessoas a obter resultados. É por isso que os melhores executivos de TI dedicam uma quantia excessiva de tempo e energia para certificar-se de que eles estão inspirando outras pessoas.

Mas, embora a pesquisa mostre que inspirar os outros é vitalmente importante, ela também revela outra coisa: hoje, inspirar as outras pessoas é uma das competências menos comuns entre líderes e gerentes. Adicione a esta o ambiente cada vez mais conectado no qual nos pedem para liderar, um em que a maioria dos resultados está fora de nosso controle direto, e observamos um trio de forças poderosas se convergindo para sublinhar o papel central que sua habilidade para inspirar os outros tem no seu sucesso como executivo de TI.

Por esses motivos, nós, como autores somos apaixonados por este tópico, ao mesmo tempo em que reconhecemos que este pode ser um grande desafio. De fato, ao conduzir a pesquisa para este livro, e ao escrevê-lo, este foi o capítulo que mais tivemos problemas e pelo qual mais agonizamos. Inspirar as outras pessoas, e explicar como inspirar, pode ser elusivo. Ele dificulta a elaboração de um caminho claro que leva à implementação efetiva. Mas, após entrevistas e pesquisas extensas, acreditamos que descobrimos a chave.

Tudo começa com a premissa de que você não consegue liderar se as outras pessoas não o seguirem. E as pessoas não conseguem seguir se elas não souberem aonde você está indo. Isso significa que você precisa começar com uma visão - uma visão com a qual as outras pessoas possam se relacionar e se conectar. Mas uma visão em si é inútil. Uma vez que você a tem, você deve torná-la realidade. Você deve inspirar as outras pessoas para agir ao administrar a visão e o propósito, motivando outros e desenvolvendo equipes eficazes. Vamos falar sobre como fazer todos os três.

COMEÇAR COM UMA VISÃO

Veja como três dos melhores executivos de TI falam sobre criar uma visão de um futuro melhor, o ponto de partida se você planeja realizar algo significante:

- "O que uma visão proporciona, tanto para as pessoas pelas quais você é responsável quanto para seus clientes internos, é esperança. E, a partir daí, esta se torna um grito de guerra, a coisa que faz com que as pessoas coloquem as responsabilidades em seus ombros e levantem o queixo. Visão é a característica de liderança número um que você pode ter" (Phil Pavitt, CIO para o Departamento da HMRC [Departamento de Receita e Alfândega de Sua Majestade]).[2]
- "Se você tiver uma visão clara, motivadora, uma que entusiasme as pessoas, você consegue mantê-las com você, mesmo nas piores situações. Elas ficarão com você se elas realmente acreditam na visão" (Sherry Aaholm, vice-presidente executivo de TI da Federal Express).[3]
- "Se você não tiver uma visão clara sobre aonde você está tentando levar a organização, as pessoas ficarão confusas sobre o que você está tentando realizar. Nada me deixa mais enlouquecido do que líderes que são 'piegas' em questão de visão" (Richard Gius).[4]

Uma das competências-chave para os executivos de TI tem sido sempre visualizar como o novo e diferente se parecerá, como deixaram claras as citações anteriores. Mas, uma vez que você tenha uma visão, é preciso torná-la realidade. O único jeito de fazer isso acontecer é se você inspirar as pessoas a acreditar na visão, a querer fazer com que seu sonho se torne realidade.

Ter visão e estratégia mais bem pensadas não significa nada se seus seguidores não estão energizados e motivados a realizá-las.

Quando colocamos dessa maneira, parece simples; no entanto, não é nada simples. Inspirar pessoas a agir é a coisa mais importante que um executivo de TI pode fazer, e, surpreendentemente, a habilidade de fazer isso se encontra menos disponível nos níveis administrativos e executivos, incluindo os executivos de TI (infelizmente).

Após estudar a ação de grandes executivos de TI e conversar com eles extensamente, descobrimos que eles seguem um processo claramente definido para inspirar as pessoas. Esse caminho começa com o entendimento do que acabamos de falar a respeito: que o sucesso pode vir apenas se as pessoas *quiserem* ir na direção que você quer que elas sigam. Isso significa que você precisa estabelecer uma visão colaborativa, de forma que as pessoas se sintam parte desta, e é preciso administrá-la e mantê-la para garantir que as pessoas permanecerão no curso. Com a visão fortemente estabelecida, você a alimenta ao motivar as pessoas ao seu redor para que a satisfaçam ao educar, encorajar e dar apoio, e, então, construir grandes equipes para executá-la.

Vamos ver como isso funciona na prática, começando com o entendimento de que os líderes que não têm seguidores não são líderes. Isso, como nos disse Ramón Baez, CIO da Kimberly-Clark, é um *insight* central. "O ponto de virada em minha carreira foi quando eu reconheci que, se eu fosse subir a escada corporativa, teria de fazer com que as pessoas *quisessem* seguir na direção que eu acho que elas deveriam ir".[5]

O Pavitt nos conta uma história que reforça esse ponto:

> Se você passar pelo interior da Inglaterra, você verá um homem e seu cachorro direcionando ovelhas para onde ele quer que elas sigam. Esses são cães pastores bastante habilidosos, que

ficam correndo ao redor do rebanho, dando mordidinhas nos calcanhares das ovelhas se necessário, fazendo com que as ovelhas sigam a direção que o pastor deseja.

Mas, se você visitar o Oriente Médio, verá que o pastor vai na frente e as ovelhas o seguem. Não há cachorros.

Agora, ovelhas são ovelhas. Mas, de alguma forma, as ovelhas do Oriente Médio reconhecem que elas não precisam de um cachorro para guiá-las. Elas comentam sobre o pastor: "Este cara cuida de mim; eu o seguirei".

No Reino Unido, precisamos de um cachorro para guiá-las, e a maioria da liderança, infelizmente, funciona da mesma maneira. Ficamos dando mordidinhas nos calcanhares das pessoas para que elas nos sigam. Eu tento liderá-las de frente, e, por causa do modo como expliquei as coisas e os tratei, as pessoas dizem: "Sabe de uma coisa? Eu gosto dele" ou "Eu gosto das ideias dele e irei segui-lo". Tento chegar a esse ponto o mais rápido que eu puder.

UMA PERGUNTA POTENCIALMENTE PERTURBADORA

Você realmente sabe se seu pessoal está 100% com você ou você se vê olhando para trás para ver se eles estão o seguindo? Você vende sua visão o tempo todo ou você inspira outras pessoas a ponto de elas fazerem a venda por você?

CONSTRUIR A VISÃO COLABORATIVA

Ao criar sua visão, aquela elaborada para motivar ações, onde você começa? A resposta contraintuitiva para "Onde começamos?" é "No final."

"Estabelecemos a meta do que queremos realizar; descrevemos como o sucesso será e, em seguida, trabalhamos de trás para frente", diz Filippo Passerini, presidente, serviços de negócios globais e CIO da Procter & Gamble. "Nunca dizemos: 'Aqui é onde estamos agora. O que podemos fazer para seguir em frente?'. Mas, em vez disso, começamos imaginando como será o sucesso".[6] (Para um exame mais detalhado de como a P&G faz isso, veja o próximo item.

COMO O DEPARTAMENTO DE TI DA P&G FAZ PARA CRIAR UMA VISÃO

"A criação de uma visão sempre começa com a nossa pergunta sobre quais são as megatendências nos mercados mundiais que afetam nossos negócios", diz Filippo Passerini. "A partir daí, perguntamo-nos quais delas são relevantes para a P&G."

"Perguntamos o que podemos influenciar singularmente e, por último, focamos as tecnologias que entregarão as maiores inovações. Esta é a sequência de quatro etapas que sempre seguimos".

Essa sequência levou à visão atual do departamento de TI:

1. Estimular a escala mundial, padronização e parcerias para entregar serviços melhores, custos mais baixos e maior agilidade.
2. Alavancar a TI, os serviços compartilhados e a inovação dos processos para estimular o crescimento sustentável da linha superior e inferior.
3. Desencadear a habilidade da P&G de digitalizar, visualizar e simular.

Passerini nos proporcionou um exemplo, a respeito da terceira parte da visão, que mostra como esta acontece na prática:

> Uma tendência que acreditamos que veio para ficar é a aceleração da inovação para o mercado. Temos visto isso em muitos setores. Na indústria automotiva, por exemplo, costumava levar cinco ou seis anos para produzir um novo modelo. Agora, as empresas mais ágeis baixaram para 12 a 15 meses. A indústria de eletrônicos para consumo está se movimentando ainda mais rapidamente. Essa tendência obviamente também está afetando a P&G.

Do ponto de vista de tecnologia da informação, achávamos que podíamos influenciar a tendência e fazer um papel de líder. Aqui está um exemplo do que fazíamos: costumávamos realizar grupos de foco de consumidores, em que mostrávamos às pessoas imitações físicas de nossos produtos. Escutávamos seu *feedback* sobre a arte, a embalagem, as cores e afins e, em seguida, refazíamos as imitações para incorporar seus comentários. Demorava aproximadamente de 4 a 6 semanas para fazer todas as mudanças. Em seguida, mostrávamos as melhorias a um novo grupo de consumidores, escutávamos seus comentários e refazíamos tudo.

Hoje, fazemos isso usando a realidade virtual. Em vez de criarmos imitações físicas, criamos imitações visuais. Isso nos permite testar os mesmos produtos, cores e embalagens – apenas mais rapidamente. Os processos que costumavam levar semanas agora levam dias ou horas. E também podemos repetir muito mais rapidamente. Dessa forma, inovamos rapidamente e melhor, e também aceleramos o tempo para o mercado.

Ficou claro, de nossas entrevistas com os melhores executivos de TI, de que as melhores visões têm duas partes. A primeira parte está ligada à missão corporativa geral e aos objetivos. Por exemplo, Tim Zoph precisa explicar para seu pessoal como a missão do Northwestern Memorial Hospital, de que "os pacientes em primeiro lugar em tudo que fazemos", se relaciona a como as pessoas deveriam fazer seu trabalho. Ele precisa mostrar a eles por que a crença da organização, de que "esteja ou não envolvido no tratamento de pacientes, todos os funcionários do Northwestern Memorial Hospital conseguem impactar a qualidade da experiência do paciente e o nível de excelência que atingimos coletivamente", é verdadeira para eles.[7]

Diz Zoph: "Eu quero ligar tudo que faço à missão central do hospital; eu quero que as pessoas se sintam conectadas a esta. Assim, estejamos ou não construindo prédios, estejamos ou não desenvolvendo registros médicos eletrônicos ou fazendo mudanças fundamentais para que os processos possibilitados pela tecnologia sejam rodados com mais precisão, quero que as pessoas saibam que os nossos atos fazem diferença nos cuidados e tratamentos de nossos pacientes. Quanto mais minha equipe entende que o que fazemos diariamente afeta os pacientes, mais motivada e mais inspirada ela será."

Grandes CIOs comunicam uma visão convincente, uma que inspire os outros para conseguir as coisas certas e a organização para executar num nível superior. Uma visão que não leva a ações desejadas é apenas um desperdício de tempo.

Como ressalta Phil Pavitt: "As pessoas podem se tornar céticas sobre grandes visões. Você precisa causar impacto nas coisas com as quais elas vivem todos os dias". A segunda parte da criação de sua visão é igualmente importante - se não mais. Você explica para as pessoas como a visão as envolverá em algo maior do que elas mesmas. Por exemplo, o pessoal do Zoph sabe que eles estão modelando o que o atendimento à saúde poderá se tornar por parte de seus pacientes.

Idealmente, as duas partes - como a visão se encaixa com os objetivos corporativos e como seu pessoal é pessoalmente afetado pela visão - são combinadas em uma ideia memorável. Um grande exemplo de uma declaração de visão que alcança essa meta foi quando Steve Jobs disse que a Apple construiria "produtos loucamente excelentes". Essa declaração explicou vividamente o objetivo da empresa, fez com que os funcionários soubessem que as melhorias incrementais não eram a meta e explicitamente disse aos funcionários que, se eles tivessem sucesso, fariam parte de algo que fundamentalmente mudaria o impacto da tecnologia na vida das pessoas.

A visão do Jobs funcionou? Você não precisa ir muito além do iPod, do iPhone e dos filmes da Pixar para ver que funcionou.

Mas isso, como argumenta Richard Gius, não é nenhuma surpresa: "Quando você consegue alavancar a paixão que está dentro das pessoas que trabalham com você ao criar uma visão inspiradora, você consegue realizar grandes coisas." Esta era uma mensagem que ouvimos constantemente. "É paixão e entusiasmo que motiva as pessoas a alcançar níveis mais altos de desempenho", diz Rick Chapman, CIO da Kindred Healthcare. "Nós, como líderes, conseguimos inspirar e alimentar essa paixão ou reprimi-la."

As pessoas na extremidade receptora de uma grande visão concordam. Karen Nocket, da Toyota, fala sobre sua chefe, Barbra Cooper: "Ela descreve um quadro do futuro que é tão atrativo que a gente quer estar lá com ela. Não conheço muitos executivos de TI que tenham esse dom. Talvez a maioria deles seja apenas bom gerente, mas a Barbra definitivamente está na categoria de um líder".[8]

Mas o tipo de inspiração que a Nocket está falando não deve ser limitado exclusivamente à sua organização. "Desde quando terceirizamos para o exterior, é importante que eu faça com que aquelas pessoas fiquem tão entusiasmadas com a Kimberly-Clark quanto as pessoas dentro da nossa empresa", diz Ramón Baez. "Se eu não fizer isso, será muito difícil influenciá-las para seguir na direção que precisamos seguir".

Conforme estudávamos os executivos de TI com alto desempenho, não ficamos surpresos ao descobrir que eles tinham uma visão motivadora. O que os distinguia era que suas visões muitas vezes iam muito além das paredes da TI e muito além das paredes da empresa. Eles consistentemente tentavam causar um impacto no cliente e na indústria.

INSPIRAR: IR DA VISÃO À EXECUÇÃO

No entanto, a pergunta de como os grandes executores *inspiram* outras pessoas a seguir, a executar, continua. Esta é uma habilidade vital – como dissemos, é uma das três principais correlacionadas com o desempenho superior –, mas ainda assim está em falta entre a maioria dos executivos, incluindo os executivos de TI. Mesmo assim, os melhores executivos de TI conseguem trabalhar através de outras pessoas e encorajá-las a compartilhar na satisfação dessa visão. Como esses executivos de TI conseguem fazer isso?

Eles começam forjando uma conexão. Ao entrevistar as pessoas para este livro, repetidamente descobrimos que os melhores executivos de TI tinham um jeito incrível de conectar as pessoas. Isso é possível por causa de seu estilo de liderança altamente social-participativo, como vimos no capítulo 2, e suas habilidades interpessoais altamente desenvolvidas, como observado no capítulo 3. E tudo isso se complementa de tal maneira que as pessoas sentem que o executivo de TI genuinamente se importa com elas como pessoas.

Com a conexão apropriadamente situada, os melhores executivos de TI inspiram outras pessoas ao serem excelentes na administração da visão e propósito, motivando e construindo equipes eficazes.

ADMINISTRANDO A VISÃO E O PROPÓSITO

Os melhores executivos de TI entendem que embora a visão e a estratégia sejam muito importantes, *comunicá-las e administrá-las eficazmente é ainda mais crítico.*

Inicialmente, a maioria de nós pensa em termos amplos, gerais quando ouvimos a palavra *visão* – coisas como "Eu acredito que esta nação deve se comprometer em alcançar as metas, antes do final desta década, de colocar o homem na Lua e trazê-lo de volta à Terra em segurança", ou o discurso de Martin Luther King, "Eu tenho um sonho".

No entanto, as visões não precisam ser tão audaciosas. Assim, embora a visão não tenha de ser grande, ela precisa refletir o contexto situacional da empresa. Mais especificamente, ela precisa criar um quadro motivador do futuro, falar sobre as possibilidades e ser algo em que todos precisam participar – por exemplo, proporcionar um excelente atendimento ao cliente – se for para ela inspirar e motivar outras pessoas.

"Existem algumas situações que pedem palestras motivacionais e as pessoas gostam disso", diz Gius. "No entanto, na maioria das vezes, eu acho que as pessoas apenas querem entender porque algo é importante e como este contribui para o sucesso da organização".

Descobrimos que os melhores executivos de TI proporcionam o contexto apropriado. Cada um de seus subordinados – e aqueles subordinados aos subordinados – poderia explicar exatamente onde o que eles fazem se encaixa na visão geral da empresa e nos objetivos.

E isso certamente é verdade se você estiver introduzindo uma nova imagem radical do futuro. Após fazer com que todos fiquem animados com a visão, é preciso mantê-los no curso para ter certeza de que eles a realizarão.

Tão importante quanto ter uma visão é comunicá-la e administrá-la eficazmente.

Dean Harrison, presidente e CEO do Northwestern Memorial Hospital, é um ótimo exemplo disso. "Trabalhamos duro para garantir que temos uma visão estratégica e um plano que se alinham com nossa missão e motivam nossa organização em direção ao sucesso", ele diz. "Um dos nossos principais pontos fortes é como aplicamos padrões rigorosos e responsabilidades para com a realização de nossa missão. Temos um destino claro em mente e um processo provado para chegar lá. No entanto, permitimos um pouco de fluidez em nosso planejamento, de forma que podemos aproveitar as oportunidades que podem ajudar a acelerar nossa jornada."[10]

Randy Spratt, chefe do setor de tecnologia da McKesson, ressalta a noção contraintuitiva de que parte da administração de sua visão é entender como ela evolui. "Se você orientar suas metas e planos em direção à melhoria contínua, em vez de punir o fracasso", diz Spratt, "então você começa a construir um ambiente de responsabilidade e um ambiente de melhorias em vez de resultados mais negativos."[11]

De fato, uma parte central da administração da visão é o reconhecimento de que esta é um trabalho em andamento, algo para ser refinado com o passar do tempo para permanecer relevante, à medida que as condições de mercado e as necessidades da empresa mudam. Os melhores líderes sabem – e comunicam para seu pessoal – que sua visão é uma ideia viva, uma que evoluirá com o passar do tempo.

O aprendizado dessa seção é claro: administrar a visão (mantendo as pessoas focadas na sua meta) é crítico porque (1) você tem de fazer com que as pessoas tomem medidas e (2) você precisa saber que eles estão tomando as medidas corretas, aquelas que estão alinhadas com a visão.

MOTIVANDO OUTRAS PESSOAS

Os alto executores também são grandes motivadores porque eles acreditam que todos trazem algo diferente para a situação. Eles avaliam essas diferenças e as usam eficazmente para obter o melhor do indivíduo e da equipe. Eles comunicam, oferecem ajuda, pedem ajuda, agem de acordo com o que eles pregam e respeitam os indivíduos.

Podemos ver tudo isso na maneira como eles constroem a visão em si. Ao usar seus estilos de liderança social-participativo, eles criam uma visão colaborativa. Eles não ditam o que o futuro deveria parecer isoladamente, eles fazem com que as pessoas contribuam. Por exemplo, Shinji Hasejima, CIO da Sony, dá a tarefa de desenvolver a estratégia aos seus subordinados e que tenham alto potencial, pois eles serão as pessoas que basicamente precisarão torná-la uma realidade.

Você precisa assumir essa abordagem se quiser ter certeza de que sua visão é a melhor que poderia ser e é capaz de ser satisfeita. Fazer com que ambas as coisas aconteçam significa que você precisa motivar as pessoas com as quais você trabalha para que elas deem o melhor de si.

Ramón Baez, da Kimberly-Clark, ressalta que a maneira mais fácil de fazer com que isso aconteça é alterar o relacionamento típico entre chefe e funcionário: "Os líderes do passado achavam que eles deveriam ser servidos, em vez de servirem. Nenhum funcionário gosta disso. Mas eles certamente gostam de trabalhar para alguém que diz: 'Ei, posso ajudá-lo com aquele problema que você está tendo?'. Assim, meu trabalho é ajudar os funcionários a superar os obstáculos que eles enfrentam".

O Spratt compartilha uma opinião similar: "A menos que você esteja continuamente influenciando a vida diária dos funcionários, os quais estão no piso da empresa interagindo com os clientes diariamente, você não terá a habilidade de entregar". Mas você não apenas precisa estar lá para motivar, você também precisa ser consistente - seu compromisso em fazer da visão uma realidade não pode ser dispensado - e precisa ser autêntico.

Vamos examinar cada um desses tópicos. As pessoas precisam saber qual é a sua posição. Isso significa que *você* precisa saber qual é a sua posição. É extremamente importante que você seja transparente não apenas na sua visão, mas também em seus valores pessoais - as coisas nas quais acredita - e sobre quais são seus valores profissionais. (O que fará com que alguém seja demitido? O que fará com que ele seja promovido? O que você fará para fechar um negócio? O que não fará? O que faria com que você saísse da empresa?)

Todos querem trabalhar em um local em que o líder e a organização em si representam algo no qual as pessoas acreditam.

E, quando você sabe qual é a sua posição, suas ações devem ser absolutamente consistentes com essas crenças. As pessoas querem que seus líderes tenham a coragem de defender suas convicções e não tomarem a saída mais fácil.

Como nos disse uma pessoa que viu o Baez em ação: "O que eu mais gosto no Ramón, muito mais do que seu nível de energia, é que ele é bastante direto. Ele não faz joguinhos. Não há cálculos, você nunca fica se perguntando se o que ele diz é o que ele realmente quer dizer. Ele é direto. É honesto, é confiável. Os funcionários gostam disso. Seus colegas gostam disso. Eu gosto disso".

Tudo isso é importante porque as pessoas nunca são motivadas pelas pessoas em quem elas não confiam, e, mesmo quando há uma desconexão entre o que você diz que é importante e como age, elas não confiarão em você. Você deve viver seus valores diariamente.

O Gius nos contou uma história maravilhosa sobre a recompensa que ele teve disso:

> Quando eu era o CIO na Allegiance, tínhamos um projeto enorme. E, para muitas pessoas na minha equipe, isso significava trabalhar 60 horas por semana por um longo período de tempo. Eu não gostava de pedir para as pessoas trabalharem assim. Acho que isso é bastante prejudicial para eles e suas famílias. É uma maneira certeira de queimar as pessoas e perder grandes funcionários. Mas enfrentávamos um prazo competitivo, e se não conseguíssemos, haveria consequências negativas para a corporação.
>
> Passei muito tempo com minha equipe me certificando de que eles entenderam, mas, mais importante, eu estava apaixonado por todas as coisas positivas que aconteceriam para a empresa se completássemos o trabalho e como o restante da empresa realmente nos veria como heróis. E eu disse para eles que assim que acabássemos (o qual seria no horário e de acordo com o orçamento), [eles deveriam] tirar folga para relaxar e passar um tempo com suas famílias, ou qualquer outra coisa. Assim, a paixão não era apenas fazer com que as coisas fossem feitas; minha paixão é sobre o meu apoio para minha equipe, meu compromisso para com eles. Eu posso ser crítico sobre algumas coisas que eles fazem, mas eles nunca precisam se preocupar sobre meu suporte para eles.

DESENVOLVER EQUIPES EFICAZES

Os grandes executivos de TI realmente acreditam que o todo é maior do que a soma de todas as partes. Consequentemente, esses líderes criam um forte espírito de equipe, dedicam tempo à remoção de barreiras na equipe e definem o sucesso em termos de equipe.

"No início de cada ano fiscal, gosto de enviar um conjunto de objetivos para a equipe trabalhar em conjunto", diz Sherry Aaholm da FedEx. "Mas esses objetivos não são algo que alguém possa pensar por conta própria. Eles são um conjunto de objetivos entre mim e a equipe." A Aaholm diz que, se os membros estiverem engajados, eles se sentirão responsáveis pelos objetivos em vez de se sentirem como se as metas fossem apenas seus objetivos. "Assim, eles são nossos objetivos, as coisas que *nós* precisamos realizar."

Um dos motivos de os melhores líderes se esforçarem tanto é porque eles sabem que todos querem fazer parte de uma equipe vencedora. "As pessoas querem trabalhar para uma empresa, ou para um departamento dentro de uma empresa, e com um líder que tenha sucesso, para que elas possam ter orgulho do que estão fazendo e continuamente falar para seus amigos e familiares sobre o local de trabalho, pois eles se sentem bem", diz Rick Chapman, CIO e Chefe do setor administrativo do Kindred Healthcare.[12]

E porque as pessoas gostam de fazer parte de uma equipe vencedora. Os melhores líderes não apenas deixam que todos saibam quando eles estão fazendo um bom trabalho, mas também apaixonadamente recompensam os comportamentos corretos, e, no processo, modelam as ações que eles querem. É por isso que os melhores executivos de TI, por exemplo, celebram as vitórias como parte de sua estratégia geral no desenvolvimento do *momentum*.

"Você quer fazer isso em frente a toda a empresa se puder, e certamente em frente a todo o departamento de TI", diz Chapman. Novamente, os líderes fazem isso com todas suas partes interessadas, não apenas com os membros imediatos da organização, pois eles entendem que é vitalmente importante motivar e inspirar todos.

E, quando eles desenvolvem uma equipe excelente, os executivos de TI muitas vezes assumem as tarefas mais difíceis - como negociar com todas as partes envolvidas para surgir com um plano que permitirá que a equipe execute a visão. Eles solucionam os problemas. Eles têm as conversas dolorosas quando alguém não está tendo um bom desempenho ou não está cumprindo os padrões da equipe. Eles não evitam abordar os parceiros comerciais que não estão alinhados. Eles fazem tudo isso para ter certeza de que a equipe terá sucesso e para mostrar que eles mesmos são uma parte bastante comprometida com a equipe.

RECONHECENDO QUE OS PADRÕES FORAM ELEVADOS

Como Passerini, da P&G, foi rápido em enfatizar para nós, inspirar os outros não é fácil hoje:

Administrar sua própria organização, quando você tem o poder sobre os aumentos salariais, as promoções de carreiras e outros é um modelo relativamente simples. O que é menos simples é onde estamos hoje, onde você administra em um mundo dependente de uma rede. Sim, temos contratos com nossos parceiros, mas a realidade é que temos menos controle. Como resultado, liderar é muito mais complexo, mas também é muito mais recompensador. Uma organização que é verdadeiramente a melhor em seu setor é aquela que cria um ambiente para que os indivíduos sejam melhores do que seriam por conta própria. Ela não apenas opera em um nível mais alto, fazendo com que o indivíduo faça um trabalho melhor, ela cria oportunidades para que eles cresçam. Portanto, precisamos constantemente explicar para as pessoas por que o curso de ação que queremos seguir não é apenas bom para os negócios, mas bom para a organização e bom para eles. Eu sempre digo para as pessoas que elas crescerão e se desenvolverão muito mais rápido se operarem nesse mundo.

A figura 6-1 ilustra os benefícios em inspirar outras pessoas.

CHAMADO PARA AÇÃO

Se você ainda está olhando para trás para ver se outras pessoas estão o seguindo, considere as dicas seguintes para desenvolvimento:

PERGUNTE-SE: "A MINHA VISÃO IMPORTA?". A sua "visão" é apenas uma ideia que você acha que seria legal ou ela realmente tem um impacto que fará com que outras pessoas se animem e sintam-se motivadas para agir? Por que alguém deveria se importar? Ela estimula resultados nos negócios para toda a empresa (e possivelmente além) ou apenas para a TI?

PREPARE-SE PARA UM CAMINHO ACIDENTADO. Quando os líderes encontram indiferença ou resistência em suas tentativas de promover sua visão, eles muitas vezes dizem a eles mesmos: "Mas eu realmente não queria dizer isso dessa maneira". Evite o fenômeno do "opa, não era isso que eu queria dizer" ao tirar um tempo antes de abrir a boca (ou colocar no papel) para pensar sobre todas as coisas que poderão ser distorcidas quando você tentar entregar sua mensagem e inspirar outras pessoas. Isso poderá não o ajudar a evitar os buracos na estrada, mas pelo menos fará a viagem ficar mais macia. Talvez, depois de uma análise mais cuidadosa, você escolherá uma nova estrada.

COLOQUE "NOSSA" EM SUA VISÃO. Se você tem uma ótima ideia, não a guarde para si. Na realidade, quanto mais cedo você expressá-la (especialmente antes de se tornar fixa em sua mente) e quanto maior o círculo de opiniões que você convidar, mais rica e mais robusta sua visão se tornará. No processo, você também estará montando o palco para inspirar outras pessoas, pois as ideias e perspectivas delas estão adicionando ao todo e tornando-o maior do que a soma de suas partes.

DÊ A TODOS UMA FUNÇÃO. Todos devem ter uma parte para tornar a visão uma realidade. Todos. Mesmo aqueles que mostraram certa hesitação inicialmente, ou mesmo aqueles que a menosprezaram. Trabalhar com as outras pessoas para desenvolver a visão lentamente, porém de maneira certeira, fará com que cada pessoa se sinta parte de algo maior do que ela mesma e dará força à equipe. Ao dar a todos uma função, você poderá realmente dizer que todos tiveram uma contribuição e que isso realmente foi um esforço em equipe. Ao ir um pouco além e reconhecer a contribuição individual de cada pessoa, estará proporcionando um *feedback* importante que reforça a motivação e estimula o desempenho futuro.

FIGURA 6-1

Inspirar usando a visão, administrando o propósito e construindo equipes canaliza as paixões das pessoas

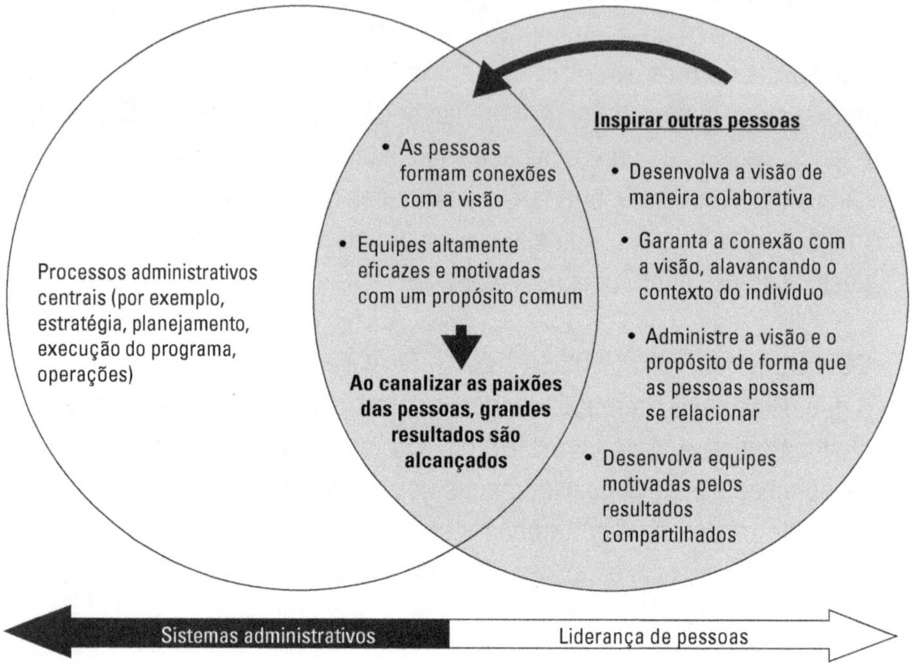

RESUMO

Como temos visto, a única maneira de verdadeiramente fazer com que o trabalho seja feito e que alcance grandes resultados é por meio de pessoas. (Há apenas certo tanto que podemos realizar por conta própria.) Isso significa que devemos fazer com que as pessoas sigam para onde queremos liderar.

E, embora muitos livros de negócios sobre o desenvolvimento de uma visão e inspiração em relação à liderança tenham sido escritos, os executivos de TI estão em uma posição singular. Dada a sua função e os impactos combinados da globalização, hiperconectividade e mudanças rápidas nos ambientes de negócios e tecnológicos, seu desafio é criar e administrar uma visão que alcance muito além das paredes de sua organização.

Assim, a primeira parte da visão que você precisa criar, se for para ela ser efetiva, está invariavelmente ligada às metas e aos objetivos da organização. A segunda parte faz com que as pessoas acreditem em algo maior do que elas.

A criação de uma visão não é suficiente. Para realmente atingir algo ou alguém e ter um valor duradouro, é importante comunicá-la e administrá-la de maneira a inspirar outras pessoas e fazer com que as coisas aconteçam.

Os executivos de TI que fazem isso se aproveitam das várias habilidades relacionadas para liderar outras pessoas além do que eles inicialmente acreditavam ser possível. Eles administram a visão e o propósito de maneira a esclarecer para os outros quais medidas precisam ser tomadas para alinhar e realizar a tarefa. Eles lideram e motivam outras pessoas ao permanecer continuamente envolvidos e ao comunicar seus valores de forma honesta, clara e consistente. E eles desenvolvem equipes eficazes com uma atitude vencedora, em que todos, incluindo o executivo de TI, são responsabilizados pelo sucesso da equipe.

O resultado é uma empresa mais coesa, mais eficaz, uma em que as pessoas não simplesmente gostam de vir trabalhar, mas pela qual elas também se sentem energizadas. E o trabalho é realizado mais facilmente já que todos – dentro e fora da organização – sabem que eles não estão apenas criando valor, mas também moldando um futuro melhor.

7

DESENVOLVA PESSOAS, NÃO SISTEMAS

AUMENTE A APTIDÃO E A CAPACIDADE DE ENTREGAR RESULTADOS

Gerald Shields, CIO da Aflac, uma grande empresa de seguros, vividamente se lembra de um momento de descoberta, um dia específico em abril de 1997, quando ele percebeu que seu papel tinha de essencialmente mudar. Isso aconteceu logo depois que a TI havia terminado um projeto grande e complicado – em tempo e de acordo com o orçamento. O grupo havia incessantemente estimulado a meta e a trouxe para a linha de chegada, embora tenha sido uma "caminhada mortal" de dias continuamente longos – que acabavam de madrugada – e finais de semana após finais de semana de trabalho.

> *Quando acabamos, olhei ao meu redor e percebi que não havia ninguém para celebrar comigo. Quando chegamos ao final, eu havia matado a tropa. Todos tinham tirado um tempo – ou muito tempo – para se recuperar. Alguns definitivamente escolheram sair da empresa e, consequentemente, da profissão de TI. Foi uma vitória vazia. Não porque eu pensava ter feito algo errado (tínhamos de fazer o trabalho até uma data específica, ponto-*

final), mas porque não havia ninguém lá para celebrar comigo. Eles estavam todos em casa, em suas camas, exaustos.

Pensei muito a respeito, e, depois de um tempo, conclui que tinha de desenvolver meu último sistema. Eu era um cara de sistemas muito bom. Tive muito sucesso em projetar e desenvolver aplicativos. Mas, depois de pensar nesse projeto, cheguei à conclusão de que eu iria essencialmente redefinir meu papel. Eu ia usar a mesma paixão, a mesma determinação, o mesmo conjunto de habilidades que me possibilitavam desenvolver sistemas, mas para desenvolver pessoas. Daquele momento em diante, passei a ver meu emprego como o desenvolvimento dos melhores profissionais de TI.

Por quê? Primeiro, esta era a maneira mais eficaz de criar valor e impacto duradouro para a organização. É a maneira de fazer uma grande diferença. Todos têm acesso à mesma tecnologia. É o que você faz com isso que faz a diferença. E são as pessoas que decidem como essa tecnologia é distribuída eficazmente.

Segundo, eu queria que as pessoas que trabalhavam para mim dissessem: "Eu realizei mais em minha carreira porque trabalhei na organização do Gerald e porque ele investiu em mim".

Eu estava totalmente convencido de que a combinação dessas duas coisas teria o maior impacto para a empresa, seria o melhor para o meu pessoal e seria a maneira mais produtiva e satisfatória de gastar meu tempo. E, no final das contas, eu estava certo.[1]

Aqueles que não chegam a entender isso por completo (isto é, aqueles que não tiveram um momento de descoberta, como aconteceu com o Shields) poderão se ver aprisionados em um ciclo fútil de tentar estar em todos os lugares, tentar se manter em dia com as demandas incessantes, constantemente tapar os buracos no barco e se sentir cada vez mais esgotado. Como resultado, eles se sentem frustrados com as outras pessoas ao seu redor, enquanto elas trabalham desesperadamente duro para simplesmente cumprir as demandas crescentes de seus empregos.

Em contrapartida, se você desenvolver seu pessoal, conseguirá que muito mais seja realizado através de outras pessoas, alcançará maior sucesso e estimulará mais valor da TI. Os melhores executivos de TI nos disseram que você também aumenta sua satisfação no emprego, pois ver alguém florescer por causa de seus próprios esforços é algo extremamente satisfatório.

É por esse motivo que os mais altos executores investem o que para o executivo de TI médio parece ser uma quantia desproporcional de tempo, energia e paixão no desenvolvimento de pessoas. Esses altos executores sabem que isso será um indicador líder do desempenho futuro e do sucesso do departamento (e da empresa).

Como nos disse Barbra Cooper, CIO da Toyota: "Se eu tivesse de escrever um descritor em uma frase de o que se espera de um CIO de alto desempenho, eu diria: 'Sua responsabilidade como líder é desenvolver a próxima geração de líderes'. Além disso, se você não fizer isso, não tem como a organização sobreviver em longo prazo".[2]

Executivos de TI como Cooper consideram o desenvolvimento de pessoas como uma responsabilidade central, e não como uma parte auxiliar, "algo que seria legal ter", em seus empregos.

O DESENVOLVIMENTO DE PESSOAS

Os melhores executivos de TI entendem que o desenvolvimento de pessoas não está limitado apenas aos seus subordinados diretos, mas tão importante quanto (se não mais importante) se estendem para as principais partes interessadas, como seus colegas, parceiros comerciais e mesmo seus chefes e diretoria. Como coloca Tim Zoph, CIO do Northwestern Memorial Hospital:

> Nosso papel fundamental deveria ser fornecedor de talento para a organização de TI. A TI é singular em termos da visibilidade que ela tem na empresa. Nossa opinião não tem igual, pois estamos envolvidos em quase todas as operações. O efeito colateral disso é que temos a oportunidade de aumentar tanto a educação

técnica de nossas partes interessadas quanto sua confiança no que a tecnologia pode fazer. Isso é importante porque eu quero fazer com que a organização acate a tecnologia para motivar a mudança.

Deixe-me explicar. O verdadeiro fator delimitador para uso efetivo da tecnologia é a combinação de educação e confiança do restante da empresa. É por isso que eu acredito que o papel principal do executivo de TI líder será cultivar educação tecnológica através da largura e da distância da organização.[3]

Os melhores executivos de TI são extremamente apaixonados pelo desenvolvimento de talentos e da próxima geração de líderes tecnológicos de negócios.

E a única maneira de alcançarmos essa educação é desenvolvendo as habilidades tecnológicas de toda a organização como um todo. Não, as pessoas não precisam saber como se escreve um código ou se implementa um grande *upgrade* do sistema, mas elas precisam - como nos disse Cooper – "mais do que um conhecimento básico do que a tecnologia é capaz de fazer – ou não fazer". Uma parte vital de seu emprego é educá-las sobre isso. Porque essa ideia é importante, retornaremos a ela mais adiante neste capítulo.

UMA PERGUNTA POTENCIALMENTE PERTURBADORA

O sucesso definitivo do executivo de TI vem de quão bom é o desempenho de seu pessoal.

E isso levanta este pensamento perturbador: você faz os investimentos necessários em seu pessoal para ajudá-los a desempenhar em seu mais alto potencial?

DESENVOLVER EM PRIMEIRO LUGAR A AUTOCONSCIENTIZAÇÃO

Então, como você faz para desenvolver seu pessoal? Intrigantemente, o melhor local para começar é por você mesmo.

Embora os líderes com alto desempenho que entrevistamos já possuem e usam com grande sucesso as fortes qualidades de liderança, eles também são extremamente autoconscientes. Eles não apenas são mais refletivos de seu próprio desempenho e ações (por exemplo, a maneira que eles se comunicam e se comportam em uma crise) e qual sombra eles projetam como líderes, mas também estão mais em sintonia com como os outros os percebem.

Assim, não é nenhuma surpresa que eles sejam abertos e mais "amigáveis para com o *feedback*". Quando recebem um *feedback*, eles armam-no como uma oportunidade para melhorar, em vez de negar os comentários ou tentar explicar as críticas. Eles veem o *feedback* – mesmo quando negativo – como parte de um processo de aprendizado vitalício, entendendo que, quando você se diz satisfeito com o local em que você está, o universo passará por você.

"O único caminho para realmente descobrir quão eficaz você é como líder", diz Zoph, "é estar disposto a escutar outras pessoas sobre sua própria liderança, conseguir aceitar o *feedback* construtivamente, e conseguir refinar seu estilo de liderança com base na percepção dos outros."

Ao se comprometerem com o autoaperfeiçoamento, esses líderes fazem três coisas simultaneamente:

1. *Melhoram a si mesmos.* Eles obtêm as qualificações e conhecimento que os permitirão ter mais sucesso. Como disse Shields: "A autoconscientização é a prioridade número um para o desempenho. Se eu pudesse mudar algo nas pessoas, tentaria torná-las mais autoconscientes".
2. *Modelam o comportamento que eles querem.* Para você, não é suficiente desenvolver seu pessoal; seu pessoal tem de querer melhorar. Ao mostrar a eles que você, o chefe, está comprome-

tido em se tornar melhor, fica mais fácil para os outros também acatar um curso de desenvolvimento pessoal.

3. *Fazem-se vulneráveis.* Os líderes com alto desempenho estão dizendo para seu pessoal: "Eu não sei tudo", o que, por sua vez, poderá fazer com que os funcionários vejam seus próprios pontos fracos.

Robert Runcie, chefe do setor administrativo, ex-CIO, do Sistema de Escolas Públicas de Chicago, usa como exemplo:

> Eu comecei revisões de 360 graus aproximadamente três anos atrás. Enquanto algumas delas estavam envolvidas em dar um *feedback* a meu respeito, como parte da minha avaliação de 360 graus, a grande maioria não estava. Assim sendo, reuni toda minha equipe, dei a eles meu relatório de 360 graus e disse a eles que eu queria um *feedback* sobre meu desempenho. Em seguida, sai da sala e fui almoçar com o chefe de outro departamento, deixando-os à vontade para discutir. Quando retornei, uma hora e meia depois, recebi deles ótimo *feedback* sobre o que eu fiz bem e coisas que eles achavam que eu deveria mudar, coisas do tipo como deixá-los trabalhar melhor como equipe.
>
> Por que fiz com que eles fizessem isso? Bem, primeiro porque eu quero melhorar. Mas se eu quiser que os diretores que trabalham para mim comecem a ter esse tipo de diálogo em seu próprio departamento, então preciso demonstrar a qualificação, a habilidade de ser aberto para conseguir esse tipo de *feedback*. A única maneira de melhorar é se eles tiverem esse tipo de conversa com seus colegas e sua equipe.
>
> Se as pessoas conseguem reconhecer os pontos fracos e desafios que elas têm, as pessoas com as quais elas trabalham poderão ajudá-las a melhorar, o que, por sua vez, fará com que a organização seja melhor.[4]

Como temos visto, no contexto e com experiência de sua própria autoconscientização, na jornada para o desenvolvimento pessoal, os melhores executores criam a fundação na qual eles conseguem melhor desenvolver outras pessoas, pois quanto mais autoconsciente e autoconfiante você for, maior será a capacidade e o exemplo de modelo de liderança que você conseguirá oferecer.

CONSTRUINDO A PRÓXIMA GERAÇÃO DE LÍDERES DE TI

Como dissemos, a alavanca sustentável primária a ser puxada para moldar o futuro é desenvolver outras pessoas. Por quê? Porque quando bem feito, ela não apenas expande sua esfera de influência (aumentando a capacidade e velocidade na qual você possibilita mudanças), mas o faz de maneira que esta resistirá mesmo quando você não estiver lá.

A pergunta é como você faz isso. A pesquisa de Lominger nos confirmou algo que descobrimos em nossas entrevistas com executivos de TI com alto desempenho. A maneira mais eficaz de desenvolver pessoas se encaixa em três categorias amplas (e desproporcionais).

70% vêm de aprendizado experimental e de trabalhos desafiantes e da rotatividade de tarefas.

- 20% ocorrem através de instruções e aconselhamento.
- 10% surgem através do aprendizado tradicional (cursos, etc.).[5]
- Vamos examinar cada um desses componentes separadamente.

OFERECER EXPERIÊNCIA, O MELHOR PROFESSOR

Os melhores executivos de TI repetidamente nos disseram que seus próprios trabalhos desafiantes e rotatividade de tarefas - sendo colocados em posições em que eles recebam aprendizado no local de trabalho - foram os principais fatores em seu desenvolvimento como líder. Isso explicava por que eles são enormes defensores em proporcionar aos seus subordinados diretos as mesmas experiências.

Por exemplo, Barbra Cooper, da Toyota, reconheceu logo no início que a Karen Nocket tinha a habilidade de ser um executivo de TI no futuro. Para ajudá-la a realizar esse potencial, a Cooper fez um a mapa de um plano de desenvolvimento em 10 anos para a Nocket. O plano incluía um trabalho desafiante, cujo propósito primário era dar à Nocket um melhor entendimento das dinâmicas da cadeia de suprimentos e certificar-se de que ela seria empurrada em situações com muita pressão por toda a empresa.

Tendo a Cooper como mentora, Nocket aprendeu como comunicar eficazmente que a TI não apenas ajuda, mas também agrega valor, usando termos, conceitos e pensamentos com que todos na organização conseguiam se relacionar e definitivamente acatar. E, durante o percurso, Nocket teve sucesso em desenvolver relacionamentos colaborativos de parcerias nos negócios com os executivos – o que não é pouca coisa.

"Todos os meses", diz Nocket, "eu tenho uma hora ou mais a sós com a Barbra (e, se eu precisar, ela me proporciona mais tempo). Eu não uso isso como uma reunião de status ('aqui é onde me encontro neste projeto específico'). Eu uso esse tempo para que ela possa me aconselhar em vez de me administrar. Além disso, Barbra se certifica de que eu suplementarei meu aprendizado fazendo cursos em liderança na UCLA e USC. E eu fiz alguns cursos na Harvard e na MIT."

O que Nocket aprendeu com tudo isso? "Nosso maior desafio é cadenciar a mudança e a demanda contínua de nossos parceiros comerciais. E eu realmente não contava em aprender como é realmente importante desenvolver meu pessoal e quanto tempo eu gasto semanalmente fazendo isso. Eu não posso diretamente tocar os $ 200 milhões de trabalho pelo qual eu sou responsável; é impossível. Mas se eu der a oportunidade aos altos potenciais que trabalham para mim, para que eles se expandam além do que eles são capazes de fazer, posso ajudar a desenvolver uma equipe com alto desempenho. Sinto a responsabilidade de fazer isso, pois o trabalho da Barbra não para em mim".

Esse desenvolvimento funcionou? Talvez até muito bem. Dois colegas chefes de departamentos diferentes foram até a Cooper perguntar se podiam empregar Nocket para administrar várias partes de seus departamentos.

Se você deixa o escritório por um período de tempo extenso (ou sai de vez), seu pessoal estaria suficientemente desenvolvido para liderar na sua ausência? Se não, o que você está fazendo para mudar isso?

ROTATIVIDADE

Uma variação da oferta de mais experiência para as pessoas é dar a elas rotatividade de tarefas. Por exemplo, você pode enviar membros da sua equipe de TI para trabalhar no lado comercial da sua organização por um período de tempo extenso – o normal é de seis meses a dois anos. A Sherry Aaholm, da FedEx, faz com que seus subordinados potenciais realizem rotatividades regulares, incluindo períodos extensos no exterior, em várias unidades de negócios por toda a empresa, para se certificar de que a TI consegue suportar o modelo de negócios globais da empresa.

A P&G faz com que seus alto executores passem tempo trabalhando em outras partes da empresa, e até mesmo em rotatividades em que as pessoas ficam até 12 meses trabalhando em cargos dentro dos principais fornecedores da empresa para ajudar esses líderes a formar relacionamentos mais próximos com os fornecedores. Esses tipos de rotatividade são uma maneira simples e eficaz para seu pessoal não apenas ganhar um melhor entendimento de como a organização serve o cliente e faz dinheiro, mas também de aprender como a TI contribui e agrega valor. A única maneira de verdadeiramente entender os desafios que as pessoas no restante da organização enfrentam é, como diz o ditado, estar no lugar delas.

Um ponto importante: todos sabem que as rotatividades de tarefas são úteis. Todos sabem que devemos desenvolver conhecimento. O que é diferente sobre os exemplos que acabamos de ler é que eles realmente foram feitos. O pessoal de TI faz isso *e* as pessoas de negócios fazem isso.

Essencialmente, desenvolvimento é a terra da primeira vez e da dificuldade. Circunstâncias confortáveis e a utilização das habilidades já não nos levam ao crescimento. Na verdade, nos levam à estagnação. A falta de desafio quase impele pessoas talentosas a procurar outro empregador.

E este é o ponto maior. Todos nós sabemos que isso é o que temos de fazer, mas apenas alguns realmente *o fazem*. Os melhores líderes desenvolveram a credibilidade na organização para fazer com que isso aconteça. Eles conseguem executar porque eles desenvolveram pessoas, construíram relacionamentos e fizeram com que o trabalho fosse feito através de outras pessoas.

Novamente, isso é consistente com como os melhores executivos de TI aprenderam por conta própria. De acordo com a pesquisa de Lominger, de 75 a 90% do aprendizado ocorrem no trabalho. Mais especificamente, a maioria das qualificações para o trabalho árduo que mais importa para o desempenho é aprendida no trabalho quando as pessoas encontram novos desafios. Os empregos que provavelmente menos ensinarão são as promoções diretas, fazer o mesmo tipo de trabalho repetidamente e as mudanças de empregos almejando simplesmente a exposição em vez de desafios difíceis.

INSTRUÇÃO E ACONSELHAMENTO

A segunda ferramenta que os melhores executivos de TI usam para desenvolver seu pessoal é o aconselhamento e a instrução. O Shields, por exemplo, gasta três horas por semana – estes são os períodos dedicados na segunda e na quarta-feira – fazendo isso.

Ele descreve algumas atividades típicas: “Eu facilito as sessões que são abertas a todas as pessoas em posições de liderança dentro do departamento. Estes seriam os supervisores de operações dos computadores, os supervisores da equipe de suporte de computadores, até os meus vice-presidentes. Pegamos um livro de liderança e o estudamos. Ou eu digo a eles sobre uma situação onde eu acabei estragando, o que aprendi com isso e o que estou fazendo diferentemente como resultado. Passaremos pelas situações diferentes e discutiremos quais abordagens tomar".

É claro que a instrução não precisa ser uma atividade formalmente programada. As interações diárias do executivo de TI com os subordinados diretos proporcionam muitas oportunidades para "momentos de instrução". Como diz Filippo Passerini, da P&G: "O desenvolvimento de pessoas é algo cumulativo. Não existe um método correto. Não dizemos: 'Vá lá, ou faça isso, e você se tornará um líder melhor', embora tenhamos muitos programas e classes formais. Há conversas e diálogos constantes. Toda interação é uma oportunidade para um aprendizado bilateral. Eu posso aprender algo, assim como a pessoa com a qual estou lidando".[7]

Mas não importa como você faz a instrução ou o aconselhamento, você precisa fazê-los. Como diz a Cooper: "É uma questão de sobrevivência. Se você não fizer isso, não terá muitas opções para seguir em frente. O oposto é que a ênfase no desenvolvimento de pessoas é igual à criação de valor alto".

Os tipos de habilidade que você deve ensinar dependerão de como você acredita que o universo será no futuro. "Eu gastei muito tempo aprontando as competências de minha equipe nas áreas que eles precisarão nos próximos 15 anos", Cooper explica através de exemplos.

> Você não pode esperar até realmente precisar delas. Leva um tempo para as pessoas aprenderem e se desenvolverem. Minha lista das futuras competências, as quais focamos o desenvolvimento, ainda está em evolução, mas elas se centralizam ao redor da astúcia nos negócios – o entendimento da economia, o entendimento das técnicas de desenvolvimento organizacional, gestão de talentos (e tenho o prazer de ver que meus subordinados diretos começaram a passar bastante tempo desenvolvendo suas próprias equipes), como construir um plano de negócios legítimo e assim por diante – em combinação com a habilidade para influenciar. É por isso que, como temos dito extensamente, para seguir em frente você precisará de um nível

mais alto de comunicação de consultoria e fortes habilidades para influenciar, além de seu entendimento da tecnologia.

Esse tipo de educação é apreciado pelos subordinados diretos da Cooper, os quais são rápidos em estressar que sua necessidade veio como surpresa. Nocket disse:

> Fomos para a faculdade para aprender como programar e como ser um *webdesigner*. Ninguém nos ensinou que também deveríamos ter feito psicologia, comunicações, escrita, oratória e política. Estes não estavam na minha descrição de emprego quando assinei o contrato de trabalho. Também não me ensinaram isso na escola, embora seja óbvio que eles são vitais. Barbra encenou os próximos dois empregos para mim para que eu possa aprender mais dessas coisas. Estou em uma jornada de 10 anos que ela planejou para mim, que me levará de gerente técnico a executivo de TI da divisão. Ela constantemente eleva os padrões e fala sobre coisas que precisarei saber daqui a dois anos. E, algumas vezes, parece que sua cabeça vai explodir, mas você entende o que ela está dizendo, pois ela construiu a base, e deixa claro o por que o que ela está ensinando é importante.

O que é muitas vezes esquecido é que a instrução o força a determinar que a sua crença é importante e vale a pena passar adiante. "Você aprende muito quando ensina", diz Zoph. "Você aprende sobre seu próprio estilo de liderança. Você aprende o que é importante para você. O ato de ensinar é em si uma maneira de centralizar a sua mensagem e destilar seus pensamentos."

Assim sendo, o ensinamento ajuda os melhores executivos de TI a refinar seus próprios valores e filosofias, ajudando-os a melhorar como líderes. Este é outro exemplo de como trabalhar para desenvolver outras pessoas tem o subproduto satisfatório de ajudá-lo a se melhorar, algo que Carol Zierhoffer, CIO da ITT, entende. "Eu tenho a tendência de me inclinar em direção ao desenvolvimento de relacionamentos bastante fortes para baixo, com as pessoas que trabalham para mim. Esta é uma parte-chave do meu estilo de liderança. Estou aqui para fazer com que eles tenham sucesso, e, consequentemente, eu tenha sucesso".

O desenvolvimento da próxima geração de líderes é um processo de três partes. A pessoa precisa ter ambição e estar disposta a fazer o que é necessário para crescer e progredir. A organização deve ter um processo para ajudar aqueles que querem crescer. E o chefe tem de ser um participante ativo no desenvolvimento ou este não acontecerá.

É nesta última parte que as organizações (e os líderes) encontram problemas. Sem o tempo, interesse e esforço do chefe, as pessoas não crescerão muito. As pessoas não conseguem se desenvolver totalmente sem a ajuda formal ou informal de outras pessoas. As pessoas não percebem seus potenciais se você não fizer com que eles sejam uma prioridade.

Entre ensinar, instruir e aconselhar, Barbra Cooper estima que ela gasta de 30 a 40% de seu tempo nessas áreas de desenvolvimento de pessoas. "Os executivos de TI trabalham realmente duro, e tentamos nos manter educados e fazer as coisas certas, mas uma das áreas em que falhamos é que poucos de nós estão tirando tempo suficiente para ensinar, instruir e aconselhar", ela diz.

Um dos motivos é que o aconselhamento muitas vezes envolve conversas difíceis. O Gerald Shields se lembra de uma das conversas mais difíceis que ele já teve:

> Depois de essa pessoa ter trabalhado para mim por aproximadamente 18 meses e simplesmente ter se recusado a melhorar nessa área central, eu realmente tive uma conversa franca com ela. Eu disse: "Aqui estão as áreas em que você é forte, e você sabe quais são elas. E aqui é onde você é fraco, e você também sabe disso. E quero lhe dizer algo sem rodeios, portanto espero que você entenda. Quando eu o demitir, será a coisa mais difícil que terei de fazer em minha carreira. Eu temo esse dia, pois

> você é tão talentoso que poderia ser a pessoa mais talentosa que eu já tive de demitir".
>
> E ele literalmente começou a chorar quando ouviu isso. Eu disse: "Tudo bem, aqui está uma maneira para evitar isso". E passamos pelo processo passo a passo. Eu disse a ele: "Farei tudo o que puder para ajudá-lo a fazer seu trabalho, mas não posso fazer seu trabalho por você. E eu não posso perder tempo voltando para consertar seu trabalho". Ele aceitou a mensagem de coração. Ele está a caminho de se tornar um executivo de TI.

O que isso deixa claro é que as pessoas não crescerão se você não fizer do crescimento delas uma prioridade. As pessoas não conseguem se desenvolver completamente sem ajuda.

Mas o ônus não está totalmente em você. As pessoas que você está desenvolvendo também devem querer melhorar e se comprometer com o trabalho árduo e sacrifício que o desenvolvimento requer. Elas devem entender onde elas precisam desenvolver e devem se sentir motivadas para melhorar. Elas precisam acatar as tarefas desafiantes e as instruções, tirar vantagens dos cursos que você recomenda e ler (e questionar) por conta própria.

Seus melhores funcionários entenderão isso. "É claro que nossos funcionários querem que a P&G tenha sucesso", diz Passerini. "Mas eu acredito que é inevitável para os seres humanos também pensar 'no que eu ganho com isso?'. E eles ganham duas coisas. A primeira, seu trabalho torna-se muito mais interessante e, a segunda, eles crescem profissionalmente, desproporcionalmente mais do que, caso contrário, cresceriam."

DESENVOLVER SUA EDUCAÇÃO PELA EMPRESA TODA

Os melhores executivos de TI são apaixonados pelo desenvolvimento de pessoas ao seu redor – seus colegas (relacionamentos horizontais chave), as pessoas acima deles (seus chefes e a diretoria) e mesmo outras partes interessadas (fornecedores e outros parceiros importantes). Como a Toyota faz isso funciona muito bem. A empresa faz com que seus líderes futuros, aqueles que ela rotula de "altos potenciais", façam uma rotatividade pelo departamento de TI administrado pela Barbra Cooper como parte de seu caminho de carreira (assim como você, o executivo de TI, faz com que seu pessoal realize rotatividade de tarefas fora do departamento de TI como parte do desenvolvimento deles).

Isso é algo que o CIO da Sony, Shinji Hasejima, acredita que seja extremamente importante: "Precisamos nos envolver no desenvolvimento da próxima geração de estratégias e ajudar a mudar a mentalidade em termos de TI. As rotatividades dos negócios da TI são uma ótima maneira de fazer isso. É por isso que nós não apenas enviamos o pessoal da TI para o lado comercial da empresa, por dois ou três anos para que eles ganhem qualificações comerciais, mas também fazemos com que o pessoal de negócios passe pelo departamento de TI, para que eles possam entender o que fazemos e o que a tecnologia é capaz de alcançar para a empresa".[8]

Mas CIO como Cooper e Hasejima fazem mais do que gastar seu tempo com líderes futuros. Eles estão constantemente trabalhando com todos na alta gerência, explicando o que a tecnologia é capaz de fazer.

Quando você está falando com o executivo de TI, trabalhando para desenvolver seu entendimento tecnológico, você é o especialista no assunto e o CEO não. E você não está tentando trazer essa pessoa para seu nível de entendimento, mas está tentando trazer o executivo para o ponto em que ele entenderá onde estão as alavancas principais de capacitadores tecnológicos e como eles estão mudando. Mais importante, você quer que o CEO consiga separar os mitos da realidade a respeito do que a tecnologia consegue fazer para impactar o desempenho da empresa. Seu trabalho é ajudar o CEO (e a diretoria) a entender o que é importante, de forma que assim todos estarão de acordo quando tomam uma decisão importante.

Você está tentando passar adiante seu conhecimento tecnológico para desenvolver uma habilidade por toda a organização. Você acabará tendo uma equipe colaborativa, com alto desempenho que será excelente no planejamento visionário, nas tomadas de decisões difíceis e na implementação da mudança possibilitada pela tecnologia. Esta é a recompensa, e o porquê da necessidade de relacionamentos educados, formados pela tecnologia, ser tão importante.

À medida que a TI se torna mais dominante e mais embutida no tecido de todas as partes dos negócios, todos os líderes – independentemente de seu passado funcional e sua posição atual – precisam aprender não apenas o que a TI é capaz, mas também como melhor canalizar seu valor. Seu trabalho como executivo de TI é certificar-se de que eles farão isso. Quais indivíduos se beneficiariam com o desenvolvimento de sua educação sobre a tecnologia?

DEIXANDO O SEU LEGADO: CRIAÇÃO DE VALOR SUSTENTÁVEL

Quase todos os executivos de TI que entrevistamos falavam com paixão - longamente e de maneira espontânea - sobre como o desenvolvimento de pessoas é o legado que você deixa. "Eu realmente acredito que, se você é um líder, precisa cultivar a próxima geração de liderança", o Zoph nos disse. "Sabe que não existe nada melhor do que ensinar uma nova geração da posição de experiência. Eu sinto a obrigação de líder de cultivar a próxima geração através de ensinamentos, aconselhamentos e envolvimento. O que você está realmente deixando é a força da equipe de pessoas que você recrutou e desenvolveu, e uma cultura que você desenvolveu. É isso que permanece depois que você se foi. Portanto, sim, seu trabalho como líder é importante, mas sua importância real é estabelecer essas fundações que continuarão vivendo."

E os melhores executivos de TI nos falaram sobre o enorme senso de orgulho que eles sentem quando fazem isso. "Eu me lembro quando eu trabalhava para a Honeywell, voltei para os Estados Unidos e recebi um telefonema do gerente de finanças com o qual eu trabalhava", contou-nos Ramón Baez, hoje CIO da Kimberly-Clark. "Ele disse: 'Você fez um excelente trabalho aqui, porque, quando você foi embora, nós nem percebemos'. Inicialmente, fiquei um pouco insultado. Como é que eles podiam não sentir minha falta? Porém, mais tarde, percebi que este foi um grande elogio. Ele estava dizendo que eu fiz um trabalho tão bom, que eu havia construído a máquina da TI tão bem, que quando parti as pessoas nem perceberam a diferença."[9]

Começamos o capítulo conversando com o Gerald Shields. Vamos terminá-lo da mesma maneira, pois ele fala sobre o legado de maneira especialmente vívida: "Quando eu deixei meu empregador anterior, havia quatro pessoas que poderiam ter assumido o cargo de executivo de TI em meu lugar. Esta foi a minha maior realização, não a substituição de 27 sistemas, mas poder sair e dizer: 'Ei, sabe de uma coisa? Vocês têm uma decisão bastante difícil porque eu não sei se vocês deveriam dar meu emprego para o Dan, a Kay, o Jeff ou o Don'. Eles nem consideraram procurar fora um substituto para mim".

O Gerald, assim como os outros executivos de TI que mencionamos no capítulo, havia criado uma equipe com alto desempenho, uma que entregaria resultados através da TI. Como mostra a figura 7-1, isso permite que a TI proporcione valor substancial para a organização não apenas hoje, mas no futuro também.

CHAMADO PARA AÇÃO

Se você ainda estiver investindo mais no desenvolvimento de sistemas do que no de pessoas, considere as dicas seguintes para desenvolvimento:

ADIANTE-SE E COMPROMETA-SE COM O DESENVOLVIMENTO DE PESSOAS. O primeiro passo é admitir que você precisa desenvolver pessoas, e o próximo passo é se comprometer em fazer isso. Peça a ajuda do departamento de recursos humanos. Se eles não tiverem um processo formal de planejamento de sucessão, informalmente, faça o seu. Examine seu calendário pelos últimos meses e seja honesto sobre a quantidade de tempo que você gastou em atividades para o desenvolvimento de pessoas. Em seguida, se comprometa a aumentá-lo todos os meses até ver que você está realmente causando um impacto.

FIGURA 7-1

O desenvolvimento de pessoas aumenta a aptidão e a capacidade de entregar resultados... de maneiras que perdurem

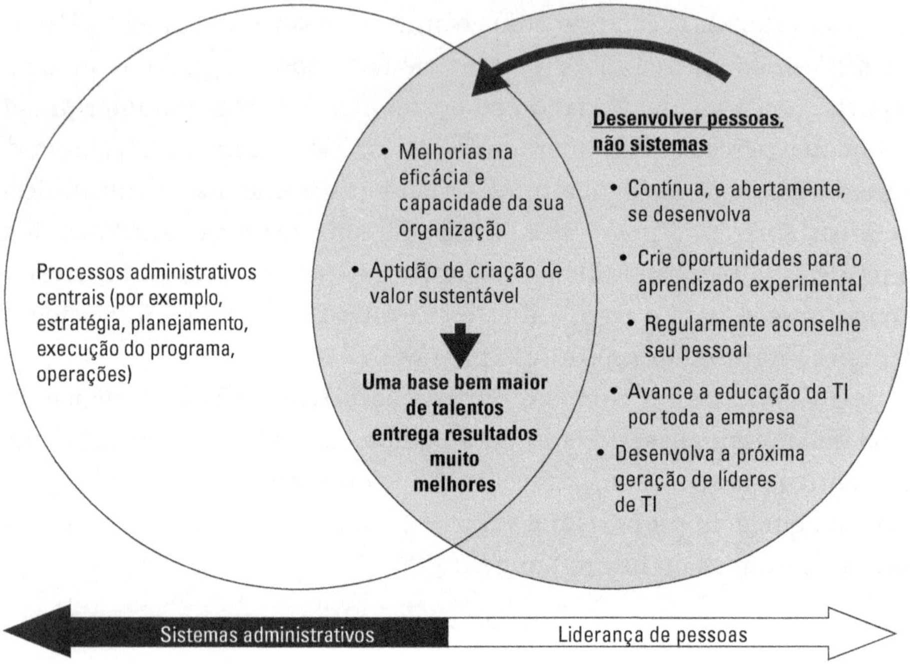

DÊ UM *FEEDBACK* EM TEMPO OPORTUNO, DIRETO E ESPECÍFICO. Parece fácil, mas poucas pessoas conseguem fazê-lo. É que muitas pessoas sentem um desconforto fundamental em fazer críticas. É compreensível, mas ainda assim não é desculpa. Pense nisso dessa maneira. Como alguém poderá ser melhor se ele não está ciente do que precisa ser abordado? Essa autoconscientização começa com você chamando a atenção para as áreas que eles precisam desenvolver de maneira construtiva e em tempo oportuno.

COMBINE A EXPERIÊNCIA COM A NECESSIDADE. Como discutido anteriormente neste capítulo, em questão de desenvolvimento, a experiência conta. No entanto, não é simplesmente qualquer experiência que fará com que o serviço seja feito. Certas experiências se concentram no aprendizado de habilidades específicas melhores do que outras. Quer trabalhar em conflito? Nomeie alguém para administrar uma equipe multifuncional. Habilidade de motivação? Coloque a pessoa em um papel de liderança com uma equipe que está desengajada e precisa de um estímulo. Seja criativo e engenhoso ao fazer tais atribuições. Se as tarefas em tempo integral não estiverem disponíveis, considere o que poderá ser feito dentro do escopo da posição de emprego atual da pessoa para estimular o desenvolvimento.

DELEGUE PARA DESENVOLVER. A forma mais fácil de delegação é tirar o "trabalho inútil" de suas mãos. Embora isso possa ser excelente para a gestão de seu tempo, ele pouco faz para o desenvolvimento daqueles que estão sendo delegados a fazê-lo. Lembre-se, se não é difícil, não serve para o desenvolvimento. Escolha atividades que proporcionarão novidade e desafios para o indivíduo e onde os riscos de desvantagem podem ser administrados. Em seguida, afaste-se e dê às pessoas a liberdade de explorar e fazer escolhas por conta própria. Se eles não tiverem o suficiente, trate-os como uma experiência de aprendizado.

REFORCE AS LIÇÕES DE EXPERIÊNCIA. A oportunidade correta de desenvolvimento e as lições corretas poderão ser inúteis se elas não puderem ser aplicadas às experiências subsequentes. Apoie a conscientização e aplicação ao ajudar os indivíduos a aproveitar as lições que eles aprenderam com suas experiências e explorar como esses *insights* poderão ser aplicados em outros aspectos do emprego.

RESUMO

Os executivos de TI com o melhor desempenho são dedicados e apaixonados pelo desenvolvimento da nova geração de líderes de tecnologia de negócios. Eles modelam o comportamento que querem e trabalham para ter certeza de que seus funcionários com alto potencial recebam um extenso aprendizado experimental, como os projetos de trabalhos desafiantes e a rotatividade de tarefas, todas apoiadas pelo aconselhamento. Esses líderes acatam a função de desenvolvimento da educação em tecnologia por toda a empresa.

Por que todos eles fazem isso? Porque se você focar o desenvolvimento de seu pessoal o máximo possível, quatro coisas acontecerão, sendo todas elas boas:

> *Você libera o poder da sua organização.* Como você sabe, não é o ativo físico nem financeiro de uma empresa que proporcionará a verdadeira vantagem competitiva. São os funcionários que o usam. São as pessoas da organização que são os motores de criação de valor.
>
> *Você aumenta o impacto da TI.* Todo o poder em seu pessoal é capaz de criar valor e fazer coisas extraordinárias para a organização. Em outras palavras, você amplia sua habilidade de efetivar as mudanças da sua cadeira de executivo de TI ao desenvolver, habilitar e obter resultados através de outras pessoas.
>
> *Você constrói um legado sustentável.* Daqui a 25 anos, ninguém na sua organização se lembrará de quem estava encarregado da grande atualização do sistema em 2010. Mas as pessoas que operam o departamento de tecnologia se lembrarão dos chefes que fizeram a diferença em suas vidas. Seus parceiros comerciais se lembrarão da pessoa que os ajudou a melhor explorar a tecnologia para vantagens comerciais. E as pessoas que você treinou e ajudou a desenvolver terão um impacto duradouro mais do que qualquer sistema que você tenha instalado.
> O resultado de tudo isso é um aumento dramático na sua aptidão e capacidade de entregar resultados através da tecnologia – tanto hoje quanto bem adiante no futuro. É por isso que você vai querer mudar seu foco primário para o desenvolvimento de pessoa, não de sistemas.

8

A RECOMPENSA PROFISSIONAL: PROPORCIONANDO RESULTADO NOS NEGÓCIOS

VOCÊ VAI PODER MAXIMIZAR O VALOR DA TI – O EMPREGO PARA O QUAL VOCÊ SE CANDIDATOU

A quantidade de valor que você como executivo de TI consegue proporcionar é uma função de seu conhecimento tecnológico e astúcia nos negócios, liberado e amplificado pelas suas habilidades de liderança de pessoas. Mas, antes de conseguir entregar o valor máximo, você precisa simplesmente entregar. Recentemente, este foi o caso do U. S. Postal Service USPS (Serviços Postais dos Estados Unidos). O USPS ia simplesmente fazer uma revisão radical da infraestrutura tecnológica que suportava a maneira como eles monitoravam e administravam o desempenho.

Quando a revisão foi concluída, as operações não apenas seriam canalizadas, mas os clientes conseguiriam rastrear e analisar cada item que eles enviaram. Uma empresa de cartão de crédito, por exemplo, saberia em um instante se o cheque realmente estava no correio, como disse o cliente, e as empresas de vendas por correspondência saberiam exatamente quão longo era o intervalo entre o momento que seus clientes recebiam seus catálogos e faziam um pedido, de forma que a empresa podia ajustar as coisas, desde os números de funcionários dos call-centers *à quantia de inventário que ela tinha em estoque.*

Mas havia um problema. O executivo de TI era novo, ele não tinha experiência na indústria e tinha apenas nove meses para completar todo o trabalho. (Um prazo de entrega agressivo teria sido dois anos.) Resumindo, este era o projeto mais ambicioso que o USPS já havia empreendido – e eles tinham tudo contra ele.

Porém, Ross Philo, o novo executivo de TI, estava determinado a não apenas entregar, mas também em estabelecer a TI como um provedor de valor. Sua abordagem: usar a TI para seu conhecimento tecnológico; fazer uma parceria com Thomas G. Day, vice-presidente sênior da unidade de negócios Intelligent Mail da USPS, para garantir o insight *dos negócios e focar cada centímetro de energia pessoal no aspecto humano para fazer com que isso aconteça. Day se lembra de como as coisas estavam indo inicialmente:*

> *Havíamos entrado em uma reunião, e no momento que surgiu um problema você só ouvia: "Você* não fez isso*"; e a resposta: "Ah, é? Bom, você não fez isso, e é por isso que estamos nessa zorra".*
>
> *Para parar com isso, modificamos a estrutura organizacional. Decidimos que eu e o Ross seríamos co-chefes do projeto e criamos uma equipe integrada. Em seguida, dissemos: "Precisamos coletivamente fazer com que isso aconteça. Senão, fracassaremos como equipe".*
>
> *Todas as quarta-feiras o pessoal de negócios e o pessoal da TI, encarregados em fazer com que o progresso aconteça, se reuniam para proporcionar atualizações. Os gargalos e problemas eram identificados, e as pessoas eram nomeadas para consertá-los. Normalmente, estávamos corrigindo os problemas dentro de 48 horas. Assim sendo, o ritmo era incrível.*[1]

O Philo acrescenta:

> *Para manter esse ritmo, tivemos de criar e demonstrar uma mentalidade "sem culpas". Isso não significa uma atitude* laissez-faire *para com os erros, mas sim reconhecer que eles haviam*

> *acontecido e tínhamos o desejo compartilhado de superá-los. Usando outra analogia, estávamos todos no mesmo barco, de forma que todos tinham um interesse investido para parar os vazamentos em vez de avaliar a culpa.*[2]

Day e Philo nunca perderam uma oportunidade para reforçar uma propriedade bastante clara e compartilhada pelos negócios e pela TI. Eles realizavam reuniões conjuntas, declarações conjuntas, celebrações conjuntas. Como diz Day: "Muitas vezes gostávamos de ser um monstro com duas cabeças. Mas a chave estava em alcançar um único corpo e um único pensamento, apesar de termos duas cabeças".

Ao proporcionar a comunicação constante em todas as direções – para cima para a gerência sênior, para baixo por toda a organização e lateralmente para os fornecedores – e customizá-la para cada público, Philo e Day conseguiam persuadir seus parceiros a cumprir seus compromissos e entregar os recursos necessários. E ao repetidamente explicar a visão e o escopo histórico para todos os envolvidos, os dois líderes conseguiram fazer com que as pessoas dedicassem mais horas e mais esforço do que elas dedicariam em uma iniciativa rotineira.

O projeto chegou a tempo e de acordo com o orçamento, fazendo com que a TI se provasse como um parceiro vital na entrega de valor.

O QUE VOCÊ GANHA COM ISSO? Qual é a recompensa profissional com o emprego eficaz de *soft skills*? Como o foco nas sete habilidades de liderança de pessoas das quais falamos a respeito lhe permite criar valor para sua empresa e entregar de acordo com as expectativas as coisas pelas quais você está sendo julgado?

A resposta é a *diferença* entre a criação de valor extraordinário em parceria colaborativa com os colegas de negócios e simplesmente seguir em frente de maneira desorganizada, tentando se manter em dia com as demandas implacáveis do emprego. O emprego de liderança de pessoas (*soft skills*) efetivamente é o que separa os grandes executivos de TI dos bons. Você viu essa recompensa na USPS, em termos de habilidade para entregar. Mais adiante neste capítulo, discutiremos um exemplo da criação de valor ao influenciar a estratégia e moldar a demanda.

Claramente, você também pode ter o mesmo tipo de impacto, contanto que você combine as *soft skills*, a astúcia nos negócios e o conhecimento tecnológico nas devidas proporções. A palavra-chave na frase anterior é *combinar*. Individualmente, o conhecimento tecnológico, a astúcia nos negócios e as *soft skills* são importantes, e cada um deles pode ser desenvolvido separadamente. Mas é somente quando eles estão trabalhando em conjunto é que um executivo de TI consegue proporcionar o máximo valor para a empresa. Chamamos a mistura do conhecimento tecnológico, da astúcia nos negócios e das habilidades humanas (com as *soft skills* amplificando os dois primeiros) de *vantagem combinatória*.

Dado o que acabamos de dizer, você deve achar que cada uma dessas habilidades tem um valor igual, mas este não é o caso. A nossa pesquisa mostra que as habilidades humanas são, de longe, as mais importantes, seguidas pela astúcia nos negócios e conhecimento tecnológico (presumindo um nível de patamar para ambos). Enquanto a melhoria das habilidades nos negócios e na tecnologia é obviamente útil, a quantia de influência que você consegue alcançar é limitada. Assim, dada a escolha de qual habilidade trabalhar, a verdadeira recompensa vem do aprimoramento de liderança superior e habilidades interpessoais. Quando essas habilidades são combinadas com sólido *know-how* comercial e tecnológico, há um efeito de amplificação e as melhorias são exponenciais, não aritméticas.

Como nos disse um hábil executivo de TI, os executivos de TI têm a oportunidade de proporcionar um valor maior quando eles focam as habilidades humanas: "É a diferença entre escolher o software de CRM (gestão do relacionamento com os clientes) correto, o que qualquer executivo de TI pode fazer, e proporcionar resultados nos negócios ao alterar a verdadeira natureza de como a empresa se parece para seus clientes".

O aprendizado claro disso é que, embora muitos líderes de negócios foquem a sua área funcional de conhecimento, apenas os melhores veem seu papel através do prisma de pessoas. Basicamente, são as pessoas que lhe permitem executar uma ideia ou visão no mercado. Vamos ver por que este é o caso. Mais especificamente, vamos explorar as três áreas que você precisa dominar e então ilustrar o porquê de o impacto combinatório - especialmente se você depender muito das habilidades humanas superiores - ser, neste caso, maior do que a soma de suas partes.

UMA PERGUNTA POTENCIALMENTE PERTURBADORA

Se sua meta é se juntar às classificações de executivos de TI com os melhores desempenhos e maximizar o valor da TI, o fato de não ter habilidades humanas fará com que essas metas sejam mais difíceis, talvez até impossíveis. Você está pronto para acatar o desafio de se fazer um líder melhor?

CONHECIMENTO TECNOLÓGICO

A tecnologia é a ferramenta primária que você maneja na função de executivo de TI como um capacitador e uma fonte de valor para sua empresa. Sua habilidade para melhorar e realmente romper os processos e os modelos de negócios igualmente segue em frente com força intensa. Seu conhecimento tecnológico, a habilidade de entender as tendências tecnológicas, destilar o que é realmente significativo e capitalizar sobre essas mudanças em combinação com sua equipe, é uma base crítica para a contribuição de valor da TI.

Primeiro, você precisa demonstrar sua própria competência tecnológica e a da sua equipe. Isso é algo que Dave Swartz, CIO da American University (AU), aprendeu:

> Uma das primeiras coisas que fiz quando vim para a AU foi um *upgrade* no ERP (planejamento dos recursos da empresa). No passado, todas as vezes que um *upgrade* era feito, ele causava enormes problemas. O mais recente basicamente desligou todo o sistema de TI por dois meses. Assim, eles viam os *upgrades* como algo que seria bastante doloroso. Mostrei a eles que não precisava ser

> assim. Nós aplicamos as técnicas administrativas corretas, tomamos decisões sólidas sobre as mudanças na infraestrutura, testamos todas as coisas extensivamente e daí em diante. Basicamente, fizemos o trabalho tecnológico, e o fizemos muito bem.
>
> Na realidade, aproximadamente duas semanas depois de completado, recebi um telefonema do arquivista, perguntamos quando iríamos lançar o programa.
>
> Eu disse que havíamos lançado o programa havia duas semanas.
>
> Imediatamente depois disso, todo mundo no campus, de reitor a VP, o presidente, ligou em choque perguntando: "Você quer dizer que você fez o *upgrade* sem desligar a universidade ou ter problemas maiores?".
>
> Eu disse: "Sim, você só precisa seguir as melhores práticas". Repentinamente, eu passei a ser uma pessoa confiável para eles, e eles começaram a nos pedir para que fizéssemos mais e mais.[3]

A Sherry Aaholm da FedEx descobriu a mesma coisa. Logo depois de ela ser nomeada vice-presidente executiva para a TI, percebeu que a empresa significantemente se beneficiaria se ela pudesse alavancar mais de suas soluções comuns globalmente. O problema? Os presidentes regionais estavam acostumados a controlar seus próprios recursos de TI. Aaholm explica o que aconteceu:

> Antes de poder seriamente defender o tipo de mudança que eu queria, eu precisava, primeiro, construir um elemento de confiança com esses parceiros. Eu sabia que, se conseguisse demonstrar ganhos rápidos, eles começariam a confiar em mim e eu poderia começar a propor coisas mais complicadas. Assim, eu alternava recursos de uma região para outra, para ajudar alguém que estivesse tendo algumas dificuldades, e introduzia uma parte de software que havia funcionado em algum outro lugar, para resolver um problema específico que alguém teve, em vez de construir essa solução duas vezes, o que seria o normal. Eu fiz quatro ou cinco coisas assim, e, até lá, eu havia conseguido

> um tremendo respeito dos líderes de negócios a ponto de eles dizerem: "Uau! Eles realmente fazem as coisas acontecerem". Dessa forma, ganhei um pouco mais de uma esfera de influência no lado dos negócios, o que me permitiu começar a falar sobre alguns campos mais difíceis, como o aplicativo de vendas deles.[4]

Embora você seja a pessoa no centro de descobrir como a tecnologia deveria ser mais bem empregada, isso não significa que você precisa ser a pessoa na organização que sabe mais sobre isso: "Para ser um executivo de TI bem-sucedido, você precisa ter uma astúcia sólida da TI", diz Carol Zierhoffer, CIO da ITT. "No entanto, você não precisa ter um entendimento profundo de tudo, mas seu entendimento tem de ser amplo. Você tem de ser capaz de separar as bobagens, mas o emprego é muito mais do que entender a tecnologia."[5]

O Gerald Shields, da Aflac, acredita na mesma coisa: "Sua tropa não precisa acreditar que você é a pessoa técnica mais forte do mundo, mas eles precisam saber que você é apaixonado pela tecnologia e pela aplicação da tecnologia e que você os entende".[6]

Em princípio, soa contraintuitivo dizer que o *chefe* do departamento de informática não precisa ser a maior autoridade em tecnologia, mas faz sentido. Se você alavancar suas habilidades de liderança de pessoa, certificar-se de que você tem especialistas verdadeiramente tecnológicos na equipe e, mais importante, se você criar o ambiente para que esse conhecimento possa ser aplicado eficazmente, então você não precisa estar totalmente atualizado sobre a tecnologia e os detalhes. Na realidade, ao tentar fazer isso, você se distrairá de seu papel primário como executivo de TI: satisfazer as expectativas e maximizar a entrega de valor.

ASTÚCIA NOS NEGÓCIOS

Seguindo em frente, as três habilidades que você precisará, em ordem, são as habilidades de convencer, o entendimento dos negócios e o entendimento da tecnologia.

– Shinji Hasejima, CIO, Sony

A astúcia nos negócios é uma característica incrivelmente importante para se ter. Não há nada que você faça na TI corporativa que não possa ser adquirida em outro lugar.
- RandySpratt, CIO, McKesson

Você precisa, em primeiro lugar, ser um bom líder e um líder tecnológico em segundo lugar. Eu diria que você provavelmente precisa gastar algo como 60% de seu tempo nos negócios e, você sabe, 30 a 40% lidando com os assuntos relacionados à TI.
- Robert Runcie, chefe do departamento administrativo, Escolas Públicas de Chicago

Essas citações, comentários que os CIOs fizeram durante nossas entrevistas com eles, não são uma aberração. Em inúmeras entrevistas e *workshops*, os melhores executivos de TI nos disseram que se, para poder fazer seus trabalhos eficazmente eles fossem forçados a escolher entre saber mais sobre os negócios e saber mais sobre a tecnologia, eles escolheriam os negócios a qualquer hora.

O ponto não é ter conhecimento superior dos negócios em cada área funcional (logística, finanças, marketing, etc.), mas sim saber como todas essas coisas se completam. Dessa maneira, você não apenas entende os negócios em um nível macro, mas também sabe onde a TI se encaixa e pode contribuir com valor. Marv Adams, ex-presidente da Fidelity Shared Services, é um grande proponente dessa abordagem:

> Muitas vezes vejo que as pessoas estão presas em departamentos específicos, como manufatura ou engenharia, e elas realmente não veem como o que fazem afeta todas as pessoas na organização. Uma das coisas que eu tento colocar na minha organização é uma orientação sobre como pensar em sistema, de forma que as pessoas possam ver como todas as peças se encaixam.
>
> Digamos que você fabrica automóveis. Se você não tirar um tempo para projetar o nível ótimo de plataformas de veículos,

> e relaxar e permitir que muitos projetos saiam da engenharia, tentando ser demasiadamente responsável por cada pequeno detalhe que o departamento de vendas quer, então você acaba jogando tanta variedade na manufatura que esta possivelmente não poderá ser eficiente, e ela afeta sua qualidade de maneira negativa.
>
> A TI é apenas um desses sistemas. Você tem demandas de negócios que são bem pensadas ou não. E se elas não forem bem pensadas, elas eventualmente criarão uma confusão de aplicativos, e se a TI ficar demasiadamente estimulada por departamentos ou empresas individuais, eles até mesmo irão construí-los em sistemas operacionais separados e plataformas de hardware. Daí, ela flui para os centros de dados, os quais não podem então ser administrados eficazmente. Mas isso, na realidade, não tem nada a ver com algo que o centro de dados fez de errado. Tem a ver com não fazer com que as coisas fossem projetadas, desde a primeira fronteira, de maneira mais efetiva.
>
> Assim sendo, me esforcei muito para tentar entender os processos de negócios e fazer com que a empresa ponderasse seus próprios processos, antes de deixá-lo fluir pelas fronteiras e acabar nos forçando a criar confusão nos sistemas de TI. E a parceria que eu criei com as pessoas que dirigem a empresa acaba criando um projeto melhor do sistema de negócios no geral.[7]

Outro lembrete da importância dos relacionamentos.

Uma ilustração final desse ponto pode ser a mais reveladora. Quando a AARP recentemente contratou A. Barry Rand como CEO, uma das primeiras coisas que ele fez – mesmo antes de começar seu primeiro dia no trabalho – foi chamar o CIO, Matt Mitchell, para seu escritório e dizer: "Então, me diga como nossos negócios são dirigidos".[8] Barry reconheceu que um executivo de TI hábil provavelmente sabe mais sobre as realidades dos negócios de ponta a ponta do que qualquer outro executivo.

LIDERANÇA DE PESSOAS (O AMPLIFICADOR DE VALORES)

Passamos pela importância de *soft skills*, ou humanas. Como você sabe, como líder, você consegue realizar muito pouco por conta própria. A única maneira de realizar coisas significantes é através de outras pessoas, e isso explica por que (1) você precisa de *soft skills* superiores e (2) a liderança de pessoas é a terceira perna no nosso tripé de criação de valor, o qual inclui astúcia nos negócios e conhecimento tecnológico.

Mas a perna de liderança de pessoas é importante por outro motivo. Ela é a maior alavanca que o executivo de TI moderno poderá puxar para maximizar a contribuição geral que ele poderá fazer.

E claro que você provavelmente entenderá melhor todos os aspectos dos negócios, e deveria. E certamente também é útil aprender mais sobre a tecnologia em si. Mas realmente não há nenhum benefício exponencial por fazer isso. Em ambos os exemplos, você fica limitado em quão melhor você se torna (isto é, quanto mais *você* aprende sobre a tecnologia; quanto mais *você* aumenta seu entendimento dos negócios). No entanto, se é capaz de persuadir, liderar e influenciar outras pessoas, então você consegue alavancar todo o tempo *deles*, todas as habilidades *deles* e todos os relacionamentos *deles* para fazer o que precisa ser feito. Durante o processo, você também ganha o apoio deles. É por isso que a quantia de valor que um executivo de TI entrega, como chefe da organização de TI, é uma função da combinação de conhecimento tecnológico e conhecimento dos negócios, amplificados pelas habilidades de liderança de pessoas do executivo.

Aqui está um exemplo rápido de porque isso é verdade. Pense em nossa discussão sobre a astúcia nos negócios. O executivo de TI geralmente é a única pessoa que vê toda a empresa e, portanto, muitas vezes entende o fluxo de negócios de ponta a ponta melhor do que qualquer outra pessoa. Este é um *insight* poderoso.

Muitos executivos de TI, no entanto, não têm suas habilidades de liderança de pessoas aperfeiçoadas a ponto de conseguir traduzir esse *insight* em vantagens nos negócios. Eles não conseguem inspirar, influenciar ou criar uma visão que podem trazer para seus colegas e conseguir o apoio deles. No entanto, se esses mesmos executivos de TI conseguem dominar as habilidades de liderança de pessoas, grandes coisas poderão acontecer. Eles conseguem ajudar a organização a traduzir esses *insight* sem ação. São as habilidades de liderança de pessoas que permitem que as comunicações sejam feitas e que as outras peças – conhecimentos tecnológicos e de negócios – ganhem vida.

Não é que esses executivos de TI, aqueles que exercitam a vantagem combinatória, necessariamente têm uma grande ideia. É que eles criam o ambiente para outras pessoas gerarem, nutrirem e basicamente realizarem o valor de suas ideias por toda a organização. A recompensa profissional, ou a vantagem combinatória, amplificada pela liderança de pessoa, é mostrada na figura 8-1.

FIGURA 8-1

A recompensa profissional

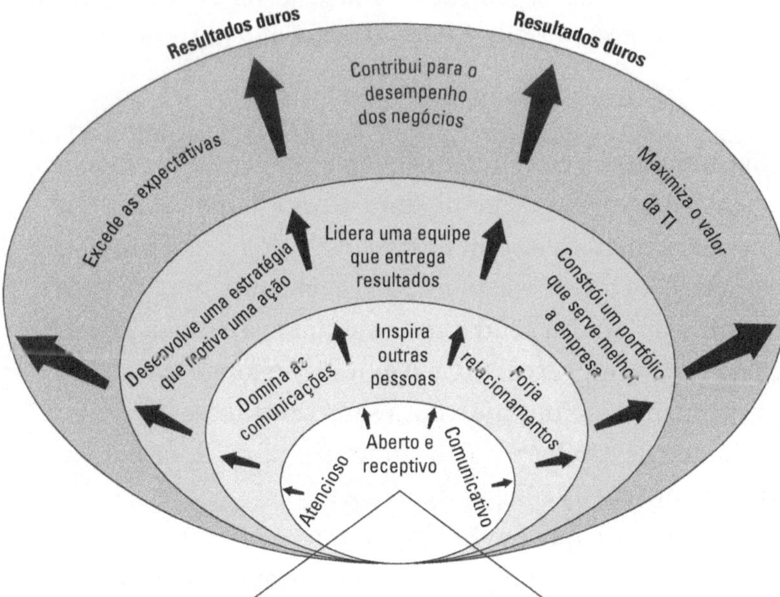

Os melhores executivos de TI proativamente influenciam seu ambiente em vez de reagir a ele. Eles aplicam todas suas habilidades humanas para envolver outras pessoas, de forma colaborativa, não apenas para moldar o futuro, mas para alcançar uma visão comum e propósito.

A VANTAGEM COMBINATÓRIA EM AÇÃO

Aqui está um exemplo que mostra como a vantagem combinatória agrega valor. Mais especificamente, ele mostra como as habilidades de liderança de pessoas são a chave para abrir o valor básico da astúcia nos negócios e conhecimento tecnológico. O executivo de TI de uma empresa de manufatura (que pediu para permanecer anônimo) havia completado uma reviravolta na TI de vários anos que provou, com sucesso, a habilidade de seu departamento de fazer seu próprio trabalho e ajudar outros departamentos na organização a fazer o deles. Como resultado, ele havia ganhado muita credibilidade dentro da empresa. O executivo de TI se recorda:

> Alguns anos atrás, eu percebi que não estávamos fazendo o suficiente em termos de planejamento em longo prazo nem dando assistência à visão mais integrada dos negócios. Esta não apenas era a verdade para a TI, mas também para toda a organização. Assim sendo, fiz com que fosse missão da TI analisar todos os processos de negócios ao longo da cadeia de suprimentos, começando com seus próprios sistemas e a necessidade de modernização como um catalisador para a conversa com meus colegas de negócios.
>
> Por causa do que havíamos conquistado no passado, os executivos mais antigos da empresa estavam abertos a essa abordagem. Peguei minha líder de TI com o mais alto potencial, vamos chamá-la de Katie, e a transferi para uma posição com um trabalho desafiante. Eu a apoiei com ajuda

> de consultoria do conhecimento da cadeia de suprimentos e pessoalmente a aconselhei ao longo do caminho nos aspectos críticos de liderança de pessoas, como o desenvolvimento de relacionamentos com executivos e como comunicar, colaborar e influenciar nesse nível.
>
> Levou aproximadamente 18 meses, incluindo o mapeamento e codificação de todo o processo de negócios e como ele funcionaria mais adiante. Uma vez que havíamos descoberto, as questões eram quem iria transmiti-lo ao nosso presidente e nosso *chairman*, e qual seria a melhor maneira de fazê-lo.
>
> Eu queria que a Katie liderasse esse esforço. Ela estava encarregada do projeto e eu queria que ela tivesse a exposição e experiência colaborando e desenvolvendo relacionamentos com a equipe de executivos sêniores.
>
> Sua apresentação na realidade não seria sobre tecnologia e, ironicamente, esta era provavelmente a maior questão que iríamos enfrentar na reunião. As pessoas iriam presumir que viríamos e apresentaríamos tudo do ponto de vista da TI.
>
> Mas, na realidade, iríamos apresentar uma visão geral organizacional, pois as pessoas simplesmente não sabem dos problemas além de seus próprios departamentos. Para mim, esse é o valor que a TI tem. Nenhum outro departamento está na posição de ver toda a organização.

A "Katie" continua a história daqui e você perceberá que ela está para demonstrar muitas das habilidades de liderança social-participativa que discutimos no capítulo 2 e técnicas de comunicação que falamos a respeito no capítulo 5.

> A cadeia de suprimentos é um tanto complexa. Estamos falando desde o planejamento do produto e marketing até a manufatura, logística e entrega para nossos clientes. E muitas pessoas participam de cada procedimento separado; elas não veem o processo inteiro. Exceto se você for da TI.

> Mas eu aprendi, ao manter os executivos de negócios atualizados sobre o *status* de seus projetos, que eles se distraem depois do terceiro slide de PowerPoint se o tópico não estiver diretamente relacionado a eles. Dessa forma, o problema que eu tinha era comunicar algo bastante complexo de maneira a não entediar as pessoas. Na realidade, eu precisava fazer isso de maneira a engajá-los e fazer com que eles se envolvessem.
>
> Tenho uma parede inteira no meu escritório que é uma lousa branca. Decidi colocar ali todo o processo de negócios e o que aprendi. Peguei algumas coisas importantes que achei que eles achariam interessante sobre produtos e complexidade da cadeia de suprimentos, retenção de clientes e daí em diante. Fiz desenhos e usei várias cores para realçar os pontos importantes. E, quando as pessoas faziam comentários sobre o que eu estava propondo, eu acrescentava seus comentários. Assim, basicamente contei para os principais executivos, incluindo nosso presidente e *chairman*, uma história escrita na minha lousa branca.
>
> Em certo momento, nosso *chairman* se levantou e se aproximou da lousa e fez alguns desenhos enquanto debatia comigo a melhor maneira de fazer algo que eu estava propondo. O que foi fabuloso sobre isso era que não era minha ideia contra a dele; estávamos colaborando para encontrar a melhor solução.

O resultado desse processo colaborativo foi que as ideias propostas pelo CIO e sua protegida, para otimização dos sistemas e processos da cadeia de suprimentos de ponta a ponta, foram adotadas pelo *chairman*. A empresa, de fato, contratou um vice-presidente de negócios com responsabilidades que se expandiam para toda a cadeia de suprimentos para implementar a transformação de negócios necessária e a atualização de sistemas capacitadores que a acompanham.

A recompensa, como observou um executivo de TI, foi tripla:

1. A cadeia de suprimentos foi otimizada.
2. A TI recebeu reconhecimento pelo seu papel principal nos negócios. "Dado o sucesso do projeto", disse o executivo de TI, "o

lado comercial da empresa começou a nos ver sob uma luz diferente. Os principais executivos de negócios agora veem a TI como um parceiro colaborativo e estratégico, baseado no valor que ajudamos a identificar e liberar."

3. As pessoas principais realçaram seu desenvolvimento profissional. "Esta foi uma experiência de crescimento absolutamente maravilhosa para a Katie também", foi o comentário do executivo de TI. "Ela é uma pessoa completamente diferente, em termos de competência, do que era há apenas cinco anos atrás, imagine doze, e isso é importante porque eu não consigo fazer tudo o que quero sozinho. Eu preciso de pessoas boas."

O último ponto é especialmente importante e vale a pena estressar. Esta história não é apenas sobre a inteligência do executivo de TI em ver uma oportunidade (isto é, "construir a melhor armadilha para *mouse*", uma abordagem da qual falamos no capítulo 2). É realmente sobre sua habilidade em liderar, mediante o emprego da vantagem combinatória, neste caso, desenvolvendo educação sobre a tecnologia com os colegas de negócios e desenvolver a próxima geração de líderes de TI sob o executivo de TI. O resultado líquido foi que o executivo de TI aumentou sua aptidão e capacidade de criar valor tanto imediatamente quanto de maneira mais sustentável. Como observamos com ele, e outros executivos de TI com alto desempenho, a realização de resultados extraordinários através de outras pessoas não apenas é tremendamente satisfatório, mas é também uma chave para o equilíbrio entre trabalho e vida pessoal na função de executivo de TI (mais sobre isso no próximo capítulo).

CRIANDO VALOR POR MEIO DA GESTÃO DE RISCOS

Felizmente, a mesma combinação de liderança tecnológica, de negócios e de pessoas que lhe permitem capitalizar sobre as oportunidades pode também ser usada para alavancar o lado oposto daquela moeda – administrar ou minimizar os riscos. Essa aptidão é outro exemplo de como os executivos de TI agregam valor.

"Estou realmente focado na precisão com a qual operamos, acatando as melhores práticas e operações e nos moldando para outras indústrias com alto desempenho", diz Tim Zoph, CIO do Northwestern Memorial Hospital. "Uma das responsabilidades que eu reconheço e aceito totalmente é que, uma vez que você infiltra a tecnologia profundamente na organização, quando ela se torna parte do núcleo da empresa, os riscos nos negócios aumentam significantemente. Você cria uma dependência, pois você já não opera mais eficazmente sem a TI."

Em vista da vantagem combinatória que temos defendido, um excelente executivo de TI tem a oportunidade de apresentar o risco para os negócios exatamente dessa maneira – risco para os negócios: risco de ruptura em um processo, de vazamento de informações, de perda de clientes, etc.

O ponto aqui pode facilmente passar despercebido. O valor da tecnologia é *otimizado* quando um executivo de TI tem a oportunidade de fazer o que é *certo*, ou *melhor*, para a empresa. A melhor coisa pode ser descartar a tecnologia em favor de simplesmente implementar uma mudança no processo, ou concordar com uma peça única de tecnologia por toda uma empresa global, mesmo que isso signifique alterar os processos de negócios ou retardar um projeto. E, como o Tim observou, os executivos de TI também agregam valor ao minimizar os riscos associados tanto com a tecnologia quanto com a transformação dos processos e as operações subsequentes (finanças, privacidade do cliente, entre outros) que o possibilitam.

Este é um ponto que vale a pena enfatizar. À medida que as empresas se tornam cada vez mais dependentes da tecnologia; à medida que os processos suportados pela tecnologia cruzam os limites de empresa, indústria e nacionais; à medida que as questões de privacidade veem à tona e à medida que as informações se tornam mais penetrantes, os sistemas que a equipe do executivo de TI administra também podem causar os maiores danos para a empresa. Por esse motivo, os executivos de TI devem formar relacionamentos profundos, honestos e apropriados com os negócios para garantir que os riscos serão, de fato, administrados.

A vantagem combinatória também funciona aqui. Pelo fato de os melhores executivos de TI terem um desempenho tão bom na intersecção de pessoas, tecnologia e negócios, eles têm um papel valioso na identificação de riscos e no aconselhamento e colaboração com seus colegas para que as medidas apropriadas para mitigação dos riscos possam ser tomadas.

A IMPORTÂNCIA DA PAIXÃO NA SUA VIDA PROFISSIONAL

Quando falamos com os executivos de TI que amam seus empregos, e muitos sentem-se assim, sentimos a verdadeira paixão que eles têm por fazer uma diferença positiva. Em algum ponto durante nossas entrevistas, a conversa se voltava para o impacto que cada um deles queria causar. Quando isso acontecia, o tom dos executivos de TI tornava-se mais entusiasmado. Eles falavam mais rápido e muitas vezes mais alto. A paixão deles era palpável. Dava para ver que eles realmente queriam agregar valor.

Os melhores executivos de TI utilizam a mesma combinação de tecnologia, know-how em negócios e habilidades humanas para envolver o negócio nas conversações certas para garantir que o risco organizacional seja administrado de forma eficaz. Sem esta combinação, a atenuação do risco é marginalizada para firewalls e sign-ons.

Eles queriam causar um impacto através da TI. Seja esse impacto contribuir para o desenvolvimento de um medicamento melhor para um cliente, encontrar receitas adicionais para a empresa, seja mudar o modelo de negócios de sua organização dentro de sua indústria, seja criar a cadeia de suprimentos de ponta a ponta mais eficiente, seja deixar um legado de eficiência, seja melhorar sua participação no setor público, todos eles tinham — e continuam tendo - uma paixão em fazer diferença. Eles querem criar valor significante para suas empresas, como observou Randy Spratt: "Ao ajudar a alavancar a tecnologia com sucesso, a qual é a ferramenta que manejamos".

Ao combinar *"soft" skills* humanas com sua astúcia nos negócios e conhecimento tecnológico, você consegue fazer o trabalho para o qual foi contratado, pois é através dessa vantagem combinatória que você (e todos os outros executivos de TI importantes) verdadeiramente criam valor e entregam o potencial da TI.

CHAMADO PARA AÇÃO

Se você ainda está procurando agarrar a alavanca de habilidades humanas como um meio para amplificar a contribuição de valor da TI, considere as dicas seguintes para desenvolvimento:

LIBERE-SE. Não tem como você ter sucesso no desenvolvimento de habilidades humanas se se mantiver muito ocupado e correndo de um lado para outro apagando alguns incêndios. Saia do lado tecnológico das coisas e entre para o lado humano delas. Simultaneamente você conseguirá realizar cada uma dessas metas através da delegação, a qual libera seu tempo e desenvolve seu pessoal.

COMPARTILHE O QUE VOCÊ SABE. Como no tópico anterior, o investimento no seu pessoal aumenta suas aptidões e alivia as restrições de tempo e pressão. Com a delegação, o aconselhamento contínuo e a instrução de seu pessoal, o desenvolvimento da educação de TI com seus parceiros comerciais ajudará a passar adiante o conhecimento crítico e a habilidade que os possibilitará contribuir mais. E você terá mais tempo para canalizar suas habilidades humanas para moldar o futuro e liderar estrategicamente na intersecção de negócios e tecnologia para maximizar a contribuição de valor da TI.

FOQUE SEUS ESFORÇOS INICIAIS. Se você ainda não mudou a chave nas suas habilidades humanas, não entre no modo total imediatamente. Peguem um local, de preferência um projeto de escopo e dificuldade moderados, para aplicar sua atenção para o desenvolvimento de suas habilidades humanas de maneira focada. Aplique suas habilidades de liderança como normalmente o faria em outras áreas paralelas. Com o passar do tempo, observe as diferenças entre esses outros projetos e o projeto em que você foca alavancar suas habilidades humanas. Pouco a pouco, comece a transferir essas habilidades para outros projetos, fazendo os ajustes necessários e aplicando as lições aprendidas de suas outras experiências.

FAÇA MAIS AO FAZER MENOS. Já falamos sobre isso antes, mas vale a pena repetir. Realize as coisas não ao focar seus esforços diretamente na tarefa em questão; faça com que elas sejam feitas por meio do trabalho de outras pessoas. Deixe que outras pessoas façam a maioria do trabalho pesado, enquanto você atiça os fogos de aprendizado e motivação. Esta não é uma tarefa fácil em si, mas é muito mais eficaz em longo prazo.

RESUMO

Na indústria de TI, há muito falamos sobre a oportunidade singular que temos como executivos de TI em ver toda a empresa e identificar as oportunidades de criação de valor. Mas uma coisa é ver essas oportunidades e outra é capitalizar sobre elas. A recompensa está em surgir com maneiras de os negócios não apenas melhorarem seus processos de ponta a ponta ou transformarem seu modelo de negócios, mas também poderem implementar inovações possibilitadas pela tecnologia para vantagem nos negócios.

Como temos visto, a melhor maneira de fazer com que as coisas sejam feitas é através de uma combinação de *know-how* técnico, astúcia nos negócios e habilidades humanas. Mais especificamente, como executivo de TI, você quer usar suas *soft skills* para alavancar não apenas sua experiência nos negócios e na técnica, mas também o poder da equipe estendida. Se você é capaz de persuadir, liderar e influenciar outras pessoas, você consegue alavancar todo o tempo deles, todas as qualificações deles e todas as habilidades deles para proporcionar resultados e maximizar o valor comercial que foi possibilitado pela TI. Esta é a maior alavanca que você poderá puxar. É a maneira de ser verdadeiramente eficaz como executivo de TI.

Dada a natureza penetrante da tecnologia nas empresas hiperconectadas do século 21, nossos colegas na alta gerência, nas diretorias e nos órgãos do governo do setor público estão cada vez mais procurando executivos de TI que não vejam apenas oportunidades, mas que sejam líderes fortes, colaborativos na equipe executiva, ajudando a realizar os benefícios e que realmente entreguem a promessa da tecnologia. Como temos visto, você agrega mais valor e é mais estimado quando eficazmente une suas habilidades nos negócios, tecnológicas e humanas na vantagem combinatória. Esta é a verdadeira recompensa profissional: entregar, de maneira colaborativa, resultados nos negócios e o valor da TI.

9

A RECOMPENSA PESSOAL

GANHANDO MAIOR SATISFAÇÃO DENTRO E FORA DO TRABALHO

Não são apenas seu departamento ou empresa que se beneficiam de todas as coisas que falamos até agora. Você também se beneficia, profissional e pessoalmente. Muitas vezes observamos que até mesmo os grandes executivos de TI sofrem com exaustão. Eles têm muito estímulo para alcançar resultados, mas ironicamente, por causa do estilo de liderança voltado para a tarefa que fez com que eles chegassem à posição de executivos de TI (veja o capítulo 2), eles agora lutam para realizar tudo. Além disso, isso muitas vezes afeta todos os aspectos de suas vidas, pública e privada. Mas também observamos que os grandes executivos de TI, aqueles que são dedicados à liderança de pessoas em primeiro lugar e que vivem a vantagem combinatória que acabamos de discutir no capítulo 8, não apenas excedem as expectativas, mas fazem isso ao alcançar um equilíbrio entre trabalho e vida. Eles se sentem muitíssimo satisfeitos com seus trabalhos.

Matt Mitchell, CIO da AARP, é prova disso: "Uma vez que meu pessoal é capaz de lidar com coisas que costumavam consumir todo meu dia – revisões de projetos, reuniões e todas as pequenas crises inevitáveis –, fico livre para trabalhar na estratégia. Eu tenho a chance de pensar sobre as coisas que temos de fazer para gerar valor, e tenho tempo de tentar descobrir o que preciso fazer para que as várias partes interessadas se com-

prometam em levá-las adiante. É um uso muito melhor do meu tempo, e também é muito mais satisfatório".[1]

Observamos este padrão em todos os grandes executivos de TI. A recompensa por fazer a liderança de pessoas sua prioridade é que você (1) realiza mais, ironicamente ao fazer menos você mesmo (prova de que o clichê "trabalhar inteligentemente, não arduamente" é possível); (2) finalmente ter a oportunidade de fazer o trabalho para o qual foi contratado; (3) deixar um legado do qual você se orgulha; e (4) fazer tudo isso enquanto ganha equilíbrio na sua vida pessoal. Resumindo, sua vida pessoal e profissional melhora dramaticamente.

Vejamos porque isso.

AS *SOFT SKILLS* TAMBÉM PRODUZEM resultados sólidos para você pessoalmente. Até agora, falamos em primeiro lugar sobre a recompensa para a organização se você canalizar suas habilidades interpessoais. E, de fato, essa recompensa é enorme. Como temos visto, o uso de suas habilidades de liderança de pessoas, em combinação com sua astúcia nos negócios e conhecimento tecnológico, produz benefícios substanciais não apenas no departamento de TI, mas também por toda a organização.

E isto é algo grande. De fato, como temos visto, esta pode ser a diferença entre ver uma oportunidade para espalhar a tecnologia por parte de sua organização para vantagem nos negócios e realmente fazer com que isso aconteça. Mas se você trabalhar nisso – e como verá mais adiante no capítulo, talvez você tenha de fazer um compromisso que poderá deixá-lo desconfortável inicialmente – você também se beneficiará (dramaticamente). Você tem a oportunidade de se tornar mais produtivo; acaba sendo capaz (finalmente) de fazer o serviço para o qual foi contratado; e, oh, falando nisso, ganha sua vida de volta.

UMA PERGUNTA POTENCIALMENTE PERTURBADORA

Os bons executivos de TI, embora conquistem muito para suas organizações, muitas vezes enfrentam muito do trabalho errado eles mesmos e, portanto, enfrentam o risco de exaustão.

Os grandes executivos de TI conseguem fazer o trabalho para o qual eles foram contratados. Eles conseguem focar um papel de verdadeira liderança de pessoas e alcançar resultados extraordinários através de outras pessoas, o que os permitem encontrar imensa satisfação em seus trabalhos.

Qual caminho você está seguindo?

VOCÊ REALIZA MAIS AO FAZER MENOS

O que algumas vezes esquecemos em nossas discussões sobre o desenvolvimento de sua equipe (veja o capítulo 7) é que, já que você está se aproveitando das habilidades melhoradas daqueles ao seu redor, o departamento de TI consegue obter mais do trabalho correto feito. Isso é bom, já que os executivos de TI com os mais alto desempenhos são grandes executores porque eles excedem as expectativas. Eles executam. Eles entregam resultados. Você pode ver os múltiplos benefícios que naturalmente fluem disso:

- Você se sente mais realizado, de forma que passa a se sentir melhor sobre o trabalho.
- Sua equipe está mais feliz já que você está dando às pessoas a chance de aprender e crescer.

Seus parceiros comerciais ficam mais satisfeitos porque você está trabalhando com eles de forma colaborativa, auxiliando-os na realização de suas metas de negócios críticas através das soluções capacitadoras da TI. Você não recebe ordens; você é uma parte vital do sucesso deles.

Esses benefícios se autonutrem, formando um círculo vicioso, e a ironia é que, por conseguir se manter fora dos detalhes (coisas que são feitas pela sua equipe), você consegue realizar muito mais. Quase todo seu tempo é verdadeiramente produtivo. Você foca as coisas corretas. Em vez de reagir aos problemas, você está criando um ambiente para o sucesso.

Se esta não é sua realidade hoje, pause por um momento e imagine o que aconteceria se você fizesse disso sua realidade. Ao implementar tudo o que falamos a respeito, você conseguiria fazer o trabalho para o qual foi contratado. Você poderia ter parcerias altamente eficazes com seus colegas de negócios; de forma colaborativa, criar estratégia de TI alinhada aos negócios; e, mais importante, contribuir significantemente com a entrega de grande valor para sua empresa, em vez de gastar a maioria de seus dias simplesmente mantendo as luzes acesas e apagando os incêndios tecnologicamente relacionados.

Isso é possível, como pudemos ver, por três motivos:

1. Você tem "as pessoas corretas no barco" e você as selecionou, desenvolveu e lhes deu poder (veja o capítulo 7).
2. Você desenvolveu grandes relacionamentos com suas contrapartes nos negócios, dentro e fora da organização, de forma que todos estão focados nas mesmas metas e objetivos. Há menos conflitos internos (veja o capítulo 4).
3. Por causa dos pontos 1 e 2 e de seu compromisso com as sete habilidades das quais falamos por todo este livro, você ganhou o respeito de seus colegas e é tratado como um parceiro completo para moldar o destino da empresa.

Vale a pena ressaltar o ponto 3: ao educar seus parceiros nos negócios e trabalhar com eles desde o início para desenvolver ideias, você tem mais influência; em vez de constantemente reagir às situações, você tem a oportunidade de moldar o ambiente no qual opera. Isso lhe permitirá encontrar, como descobriu o Mitchell da AARP, verdadeira satisfação em seu trabalho porque estará fazendo o trabalho que queria desde o começo. Nossa pesquisa mostra que os melhores executivos de TI também são aqueles que acham seus trabalhos extremamente satisfatórios, desfrutam grande reconhecimento e avanço e menos sofrem com exaustão.

VOCÊ DEIXA UM LEGADO DURADOURO – E LOUVÁVEL

"Eu realmente gosto de desenvolver equipes com alto desempenho, que produzam uma vantagem competitiva para a empresa", diz Duffy Mees, da Promontory Interfinancial Network. "E eu adoro ver as pessoas que trabalham para mim crescerem e se desenvolverem".[2] Mees eficientemente resume o pensamento constante que ouvimos por todas nossas entrevistas.

Inúmeras vezes, ouvimos os executivos de TI nos dizerem como eles estavam felizes em contribuir para o sucesso dos outros. Podíamos ver como eles sentiam muita satisfação pessoal ao ver seu pessoal tendo sucesso. Estava claro que eles estavam bastante orgulhosos, apaixonados e sentiam uma satisfação emocional profunda quando verdadeiramente conseguiam fazer a diferença na carreira ou na vida de uma pessoa, ou em ambas. E definitivamente o sucesso de seu pessoal é um dos legados mais duradouros que você deixa. Como observa Tim Zoph, CIO do Northwestern Memorial Hospital: "As pessoas que ajudo a desenvolver terão um grande impacto muito depois de eu não estar aqui".[3]

E a palavra "pessoas", nesse caso, vai muito além da TI. Porque você fez um bom trabalho com os outros por toda sua empresa, os funcionários por toda a organização terão um entendimento melhor de como a tecnologia pode ser usada para vantagem competitiva. Esta é outra diferença visível entre os grandes executivos de TI e aqueles que são simplesmente bons. Os grandes executivos de TI fazem com que o desenvolvimento da educação tecnológica para seus parceiros comerciais seja uma parte central de sua função. É por isso que esses executivos de TI alcançam muito mais em curto prazo e deixam um legado muito mais duradouro.

Qual será seu legado?

VOCÊ GANHA SUA VIDA PESSOAL DE VOLTA

Como observou um dos executivos de TI que entrevistamos quando o perguntamos sobre a recompensa pessoal que a canalização de suas *soft skills* traz: "Você consegue domesticar o monstro do equilíbrio entre trabalho e vida pessoal". Aqui está o porquê.

O sinal clássico de quando sua vida pessoal está desequilibrada é quando você não consegue "curtir o momento". Você gostaria de estar em casa quando está no trabalho, e, quando está em casa, só consegue pensar no trabalho. Ao ganhar controle sobre sua vida de trabalho e ao fazer as coisas que discutimos, consegue alcançar algo parecido com vida de trabalho normal. As horas que você trabalha são mais produtivas. Você consegue se concentrar nas coisas mais apropriadas para o papel de liderança do executivo de TI quando está no trabalho e sabe que as coisas estão sob controle quando sai do escritório – podendo, assim, realmente curtir suas folgas.

Agora, isso automaticamente não equilibra a sua vida pessoal. Você precisa se comprometer com isso. Comece se permitindo ter uma vida fora do escritório. Ironicamente, se não fizer isso, acabará sofrendo tanto em casa quanto no trabalho, pois estará exausto. Como Gerald Shields, executivo de TI da Aflac, adequadamente explica:

> Acho que um dos maiores desafios em ser um executivo de TI é que não importa quanto você realizou no ano passado, tem muito mais para realizar este ano. Você acha que ao trabalhar duro ficará adiantado. Bem, você não ficará adiantado.
>
> Você precisa estabelecer seu ritmo. Isso é uma maratona. Em 2001, corri na Maratona de Chicago, e me lembro que, quando estava me preparando para ela, as pessoas me disseram: "Você precisa beber água em cada parada".
>
> Eu perguntei: "Em todas as paradas?".
>
> E elas disseram: "Sim, a cada 26,2 milhas. E precisa se preparar para correr todo o trajeto".
>
> Você verá que quem começa essas maratonas e não as terminaram são as pessoas que não estão preparadas para fazer

> todo o trajeto, que não bebem água em cada milha. São essas pequenas coisas que o ajudam a chegar ao final. Isso não é uma corridinha. É uma maratona.

Isso foi algo que o Dave Swartz, CIO da American University, aprendeu em primeira mão:

> No início da minha carreira, eu estava muito estressado, e isso começou a afetar minha família também. Eu estava levando os problemas para casa. Decidi mudar. Permiti-me focar mais as minhas necessidades e me forcei a entender que havia mais da vida do que o trabalho. Eu comecei a delegar mais, a comer melhor e a me exercitar. Como resultado, descobri que as situações que, no passado, eu achava mais estressantes tornaram-se desafios que eram divertidos. Foi de como eu iria lidar com isso, além de todas as outras coisas que eu tenho de fazer, para vamos ver o que podemos realmente realizar. É como se você estivesse escalando uma montanha. Você recebe uma descarga de adrenalina. Fica entusiasmado com o desafio à sua frente e consegue realizá-lo.[5]

É claro que você se beneficia com tudo isso, mas a sua empresa e sua equipe também. Primeiro, *você tem mais energia quando está no trabalho e, consequentemente, mais capacidade para liderar.* Igualmente importante, ao delegar com sucesso o trabalho necessário para sua equipe e consistentemente deixar o escritório em um horário decente, você está modelando o tipo de comportamento que quer.

Muitas pessoas talentosas decidem logo no início de suas carreiras que elas não têm o mínimo de vontade de se tornar um chefe do departamento de informática. Elas vêm todo o tempo que seu chefe, o executivo de TI, coloca e dizem: "Isso não é para mim". Obviamente, essa é uma preocupação para as organizações no geral e nossa profissão em especial.

"Se o trabalho do executivo de TI é apresentado de maneira que as pessoas não conseguem manter sua vida pessoal em equilíbrio, elas podem não escolher nossa carreira", diz Tim Zoph. "Assim sendo, eu me preocupo se nós: um, não dermos às pessoas as ferramentas e técnicas para o equilíbrio entre trabalho e vida pessoal; ou, dois, não demonstrarmos que pode haver um equilíbrio entre trabalho e vida pessoal, não cultivaremos a liderança que precisamos para a próxima geração. O equilíbrio na vida é sobre as escolhas que fazemos todos os dias. O tempo é o nosso bem mais precioso na vida; precisamos usá-lo bem. Honrar os compromissos que você fez a você mesmo constrói caráter e autenticidade: as fundações para ser um líder. Primeiro, você precisa definir o que é importante para você antes de poder ser um líder efetivo para os outros".

Como seria sua vida pessoal e profissional agora se você tivesse aproveitado o poder de liderança das pessoas em primeiro lugar, em todos os seus aspectos, quatro ou cinco anos atrás?

Se sua equipe vir que você criou um equilíbrio entre trabalho e vida normal, eles então reconsiderarão suas posições de que o papel do executivo de TI irá consumir todos os aspectos de suas vidas. Isso abrirá um leque bem maior de candidatos qualificados.

NÃO É MÁGICA: É PRECISO TER MUITO FOCO (NAS COISAS CORRETAS)

Nada disso ocorre por acidente. É preciso muita autoconscientização e disciplina para tornar cada um desses pontos uma realidade, mas, como ressalta o Shields, realçando nossos pontos fortes:

> Sou bastante voltado para metas. Eu acredito que a maioria dos executivos de TI bem-sucedidos também o é. E, por mais contraintuitivo que isso possa parecer, você precisa estabelecer metas do "lado suave" – sejam elas o desenvolvimento de seu pessoal, sejam certificar-se de estar passando tempo suficiente com sua família, sejam ambos. Nós, como executivos de TI

> agressivos, precisamos nos certificar de que não nos tornaremos tão voltados para os resultados, tão voltado para as tarefas, que perderemos o equilíbrio de nossas vidas pessoais.
>
> Os pontos fortes que geralmente fazem de você um executivo de TI em qualquer organização de tamanho decente são sua habilidade em focar e produzir, e fazer com que as coisas sejam feitas. No fim do dia, é isso que o mantém empregado.
>
> Mas o perigo é você desenvolver esses pontos fortes a ponto de usá-los em demasia. Você gastará todas suas energias se concentrando no que precisa fazer no trabalho. É por isso que precisamos estabelecer metas para obter um equilíbrio.

Uma das maneiras para alcançar o equilíbrio é desenvolver seu pessoal a ponto de eles poderem assumir grande parte da carga. Richard Gius diz que sua mentora, Kathy White, colocou isso na cabeça dele bem antes de ele começar a acreditar que poderia ser um executivo de TI: "Ela realmente me ajudou a começar a pensar sobre como meu legado não deveria apenas ser o que realizamos para a organização, mas deveria incluir quão bem eu desenvolvo uma equipe de liderança, um grupo de líderes dentro da organização de TI que algum dia seria capaz de me suceder. Ela deixou claro que se eu deixasse a organização e não tivesse um sucessor definido, eu teria fracassado de maneira crítica".[6] A recompensa desses quatro pontos é clara: você e sua organização prosperarão se você conseguir dominar as coisas de que falamos a respeito por todo este livro. Como observou Tim Zoph: "Tem tudo a ver com as escolhas que fazemos diariamente. Se eu estiver fazendo as escolhas certas, e estou feliz com essas escolhas, e sinto que minha vida está equilibrada, isso mostra na minha liderança".

Soft skills realmente produzem resultados sólidos.

FECHANDO O CÍRCULO: RESUMO

A figura 9-1 resume tudo o que falamos até agora neste livro. (Você perceberá que é a mesma ilustração da figura I-1 na introdução.) Vamos tirar um minuto aqui para enfatizar o que aprendemos sobre as habilidades de liderança específicas necessárias para estimular resultados.

FIGURA 9-1

Excelência em Liderança para TI

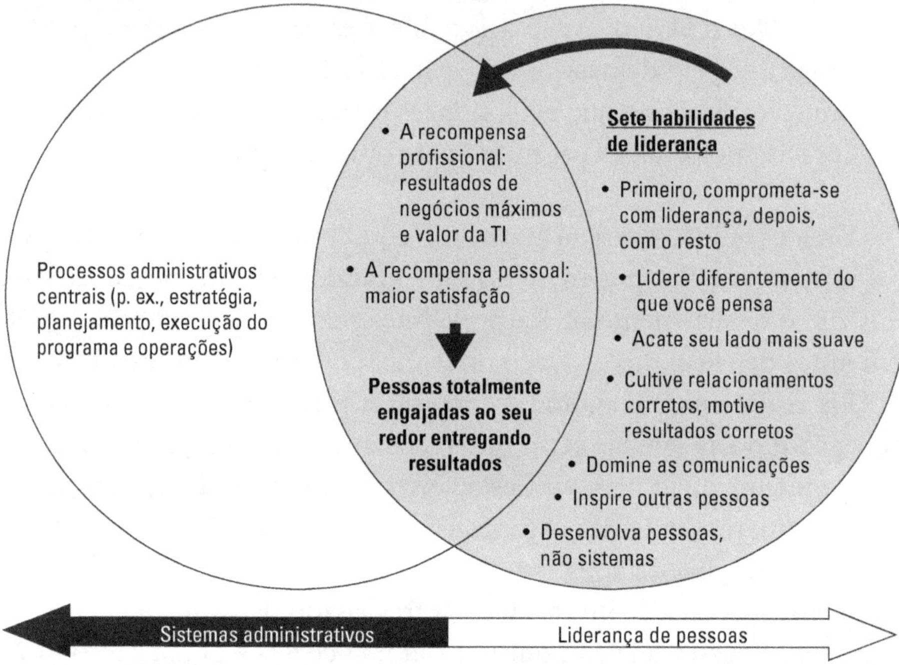

O capítulo 1 mostrou que, ao se comprometer em colocar a liderança de pessoas em primeiro lugar, os altos executores constroem a fundação na qual todos os outros sucessos repousarão. Seu compromisso intelectual e emocional para a liderança, por meio de outras pessoas e com outras pessoas, prepara esses líderes para lidar com as complexidades crescentes que eles enfrentam.

No capítulo 2, aprendemos que, uma vez que eles se comprometam em liderar por meio das pessoas, pelas pessoas e com as pessoas, os melhores executivos de TI se abrem para a realização de que o estilo de liderança que inicialmente os levou para cima nas classificações não será aquele que possibilita o sucesso em uma posição de gerente sênior; eles agora precisam liderar em um estilo que difere da maneira como eles pensam. Eles ainda alavancam seu intelecto, mas agora motivam resultados de negócios de forma colaborativa, usando um estilo de liderança muito mais social-participativo.

Ao acatar seu lado mais suave – ao ser aberto, atencioso e comunicativo –, eles criam uma conectividade que totalmente envolve todas as pessoas ao redor deles. Esta foi a lição do capítulo 3.

Como vimos no capítulo 4, eles usam essa habilidade para formar os relacionamentos corretos – especialmente os horizontais – os quais lhes dão a habilidade de recorrer, e alavancar, a toda a rede de pessoas que eles criaram.

Uma rede eficaz de pessoas é possibilitada, em partes, pelas comunicações habilidosas, o assunto do capítulo 5. Ao usar a consistência de propósitos, escutar e entender o contexto de cada pessoa e responder de maneira generosa e acatar as maneiras não-verbais de as pessoas se comunicarem, os líderes de sucesso conseguem transmitir suas mensagens de maneira a ser sentidas, não simplesmente entendidas. Isso otimiza os resultados porque compele as pessoas a tomar as medidas corretas.

Os executivos de TI com alto desempenho também conseguem fazer com que as pessoas tomem as medidas corretas através de inspiração, como vimos no capítulo 6. Eles inspiram outras pessoas ao criar uma visão que ressoa com cada pessoa e a transformam em realidade ao desenvolver equipes que tenham propósitos comuns e motivem as pessoas a dar o melhor de si.

Os grandes executores estão constantemente desenvolvendo pessoas, o assunto do capítulo 7. Eles criam uma base expandida e sustentável de talento, seja deles mesmos, através de círculos de *feedback* abertos e honestos; seja de suas organizações, através de instruções e aprendizado experimental; seja de seus parceiros, através da educação sobre a TI, que proporciona o melhor retorno possível do investimento em TI da empresa.

Ao usar as habilidades humanas superiores que você desenvolveu para amplificar o impacto de seu conhecimento dos negócios e seu conhecimento técnico, consegue realizar mais profissionalmente, como vimos no capítulo 8. Você não apenas consegue satisfazer as expectativas, mas também fazer uma verdadeira diferença e entregar valor extraordinário por toda a organização. Você não é mais visto exclusivamente como a pessoa encarregada da tecnologia, mas é visto como um líder de negócios altamente eficaz que sabe como fazer parcerias colaborativas para usar a tecnologia para vantagem comercial. Como resultado, você pode, justificadamente, se orgulhar da sua equipe (imediatamente e em longo prazo) e dos resultados que ela ajuda a produzir.

É raro que quando as pessoas assumem um curso de ação específico resultar em benefícios por toda a organização. Mas as *soft skills* realmente produzem resultados sólidos tanto para você quanto para a organização.

Encerramos este livro com este capítulo em recompensa pessoal por um motivo. São suas metas pessoais que determinarão o que você fará em seguida.

CHAMADO PARA AÇÃO

Há apenas uma coisa mais para dizer:

> TORNE-A PESSOAL. Um chamado para ação é insignificante a menos que você esteja realmente motivado para agir. Fizemos o melhor possível para lhes proporcionar conhecimento, *insights* e dicas que desenvolvem habilidades necessárias para prepará-lo para ir de bom a ótimo como executivo de TI. Agora depende de você.
>
> Se você decide melhorar suas *soft skills*, aumentar os resultados sólidos e tangíveis – e esperamos que sim –, lembre-se de que não será fácil. Será preciso um verdadeiro compromisso. Nossa sugestão? Pense menos sobre o desafio e o que você poderá sacrificar em seus esforços para crescer e mais sobre o que você ganhará. Pense como isso irá beneficiar você, seu pessoal na organização e sua família. Se isso significa o suficiente para você, então está pronto para dar o próximo passo.

ANEXO

UMA VISÃO GERAL DA PESQUISA

As conclusões apresentadas neste livro são o resultado de pesquisas empíricas, dados qualitativos, entrevistas elaboradas, observação e experiência. Cada fonte foi analisada pelos modelos e subsequentemente validada contra cada uma das outras fontes. Envolvemo-nos nessa análise cíclica e multidimensional para garantir o rigor e a profundidade de nossas conclusões.

Nossa pesquisa fundamental sobre a liderança executiva veio de uma combinação de dados empíricos da metodologia de avaliação StyleView, proprietária da KFI, e dados normativos da pesquisa de Lominger, da KFI. Os estilos de pensamento e liderança dos executivos de referência da StyleView e seu comportamento emocional contra um modelo de executivos melhores da classe (os modelos de melhores da classe existem para quase todas as funções em uma empresa, como CEO, diretor financeiro, executivo de TI, *controller* e vice-presidente de vendas). Esses modelos de melhores da classe foram determinados pela análise de um conjunto inicial de 120.000 executivos (na época da publicação, esse banco de dados continha mais de 1,4 milhão de registros) para as qualidades comportamentais que levam ao sucesso. Quando a análise padrão da variância foi computada sobre esses modelos, as diferenças eram todas estatisticamente significantes. Focamos os modelos de CIOs melhores da classe.

Em seguida, analisamos a pesquisa de competências de Lominger da KFI em seu relacionamento com os modelos de executivo de TI de melhores da classe. A biblioteca de competências de Lominger é empiricamente mapeada de acordo com a estrutura do StyleView, possibilitando a tradução de um perfil de melhor da classe para uma ordem de classificação de competências que são críticas para o sucesso. Nossas observações foram mais informadas pelas normas globais contínuas e pesquisa de validade de Lominger, as quais determinam as competências mais fortemente correlacionadas com o sucesso de níveis organizacionais diferentes e também competências em ordem de classificação de acordo com a habilidade percebida e importância para o sucesso.

A pesquisa da Gartner Inc. também teve um papel importante por toda a pesquisa. Além dos dados empíricos da KFI/Lominger, também analisamos a pesquisa profunda, específica do CIO dentro da Gartner e sua Divisão de Programas para Executivos (EXP). A pesquisa com executivos conduzida pela Gartner inclui um extenso estudo anual com CIOs (o relatório de pesquisa de CIOs de 2010 foi baseado na participação de 1.600 CIOs responsáveis por mais de $ 120 bilhões em gastos com TI no setor corporativo e público), além de extensos projetos discretos de pesquisa baseados em casos, focados em temas importantes identificados através do estudo anual e de mais interesse para os executivos de TI. Tudo isso foi suplementado por observações contínuas (isto é, milhares de investigações e entrevistas com clientes anualmente) e o conhecimento de analistas altamente experientes da Gartner.

A agenda de pesquisa cobre as várias funções dos executivos de TI de hoje: líder de negócios, guardião da tecnologia, parceiros comerciais, agentes da mudança e daí em diante. Ela também analisa o papel do executivo de TI de um ponto de vista futuro: o impacto das tendências sociais, tecnológicas e econômicas dos negócios e da TI e, portanto, do executivo de TI. Os exemplos de pesquisas específicas da Gartner e projetos EXP apresentados neste livro incluem os relatórios seguintes preparados pela empresa: "Identifying CEO Expectations e Delivering Against Them"; "Hyperconnected Enterprise: Demand for Advanced Leadership Explodes"; "Leading Beyond Now: Techniques to Manage Transformation and Change" e "CIO Political Landmines and How to Avoid Them".

Dado o modelo de melhor da classe para os executivos de TI, do ponto de vista de estilo de pensamento e de liderança, a lista das competências de Lominger, que são mais bem associadas com este modelo e a riqueza de pesquisas com CIOs da Gartner, buscamos interpretar os dados no contexto de executivos de TI atuantes através de entrevistas elaboradas. Nossos CIOs almejados vieram do banco de dados da Korn/Ferry, da ampla base de clientes CIOs da Gartner e de recomendações tiradas de nossas redes de indústrias globais extensas combinadas. Para o banco de dados da Korn/Ferry, identificamos tanto os executivos de TI cujas avaliações combinavam com os melhores da classe quanto os demais. As nomeações da Gartner eram os executivos de TI que não haviam necessariamente feito a avaliação, mas tinham uma reputação de liderança excelente. Checamos esse grupo por meio de referências para garantir que a reputação era bem merecida. Todos os CIOs foram entrevistados longamente, usando as mesmas perguntas abertas, para reunir suas opiniões em muitos aspectos de liderança, histórias sobre suas próprias experiências e lições aprendidas e *feedback* sobre as conclusões iniciais retiradas dos dados.

Após a entrevista inicial, as transcrições foram analisadas em seu conteúdo de acordo com os modelos. Adicionalmente, aplicamos nossas próprias experiências e conhecimento à análise, tendo trabalhado na indústria de TI como executivos de TI, instrutores de executivos de TI ou analistas especialistas do papel de executivo de TI. Após identificarmos um conjunto central de temas e conclusões iniciais, seguimos um processo paralelo de entrevistas secundárias e realizamos um "teste de pista" de nossas conclusões. Apresentamos nossas descobertas iniciais para os executivos de TI em dez cidades; esses executivos de TI representavam as 150+ empresas adicionais de várias indústrias, tamanhos e idades. A discussão e o *feedback* sobre nossas conclusões iniciais foram bastante solidários. Também continuamos as entrevistas de um para um com entrevistas secundárias de muitos executivos de TI e entrevistas com seus superiores ou parceiros, novamente testando nossas conclusões.

Os resultados são o que você segura em suas mãos: uma base profunda de pesquisas empíricas aumentada com o agrupamento extenso e qualitativo de dados e conhecimento experimental. Essa combinação nos deu uma visão poderosa de que os executivos de TI mais eficazes fazem diferentemente da maioria dos executivos de TI.

NOTAS

INTRODUÇÃO

1. A discussão da Procter & Gamble por todo este livro vem de uma série de entrevistas dos autores com Filippo Passerini e Lucy Hodgson entre janeiro e maio de 2009.

2. Agradecemos o vice-presidente da Gartner Inc., Mark McDonald, pela sua contribuição insuspeita para os diagramas Venn que você encontrará por todo este livro. A conversa do Mark, "Leading Beyond Now: Techniques to Manage Transformation and Change", apresentada no Programa de CIOs no Simpósio da Gartner/TIxpo, Orlando, em 22 de outubro de 2009, embora em uma área diferente, ajudou a levar a o que vemos aqui.

CAPÍTULO 1

1. As discussões de Tom Tabor da Highmark por todo este livro vêm de uma série de entrevistas e correspondências que os autores conduziram com o Dr. Ken Melani, Tom Tabor, Chuck Klein e Kathy Martin entre maio e agosto de 2009.

2. As discussões da Northwestern Memorial Hospital por todo este livro vêm de uma série de entrevistas que os autores conduziram com o CIO, Tim Zoph, e o CEO, Dean Harrison, entre janeiro e junho de 2009.

3. Randy Spratt, entrevista por telefone com os autores, fevereiro de 2009.

4. As discussões da Toyota por todo este livro vêm de uma série de entrevistas que os autores conduziram com Barbra Cooper e Karen Nocket entre janeiro e maio de 2009.

5. Shinji Hasejima, entrevista por telefone com os autores, gravação, janeiro de 2009.

6. Ramón Baez, entrevista por telefone com os autores, gravação, março de 2009.

7. Nick Smither, entrevista por telefone com os autores, gravação, fevereiro de 2009.

8. Michael Kollig, entrevista por telefone com os autores, gravação, abril de 2009.

CAPÍTULO 2

1. Stephen Fugale, entrevista por telefone com os autores, gravação, abril de 2009.
2. Stein Tumert, entrevista por telefone com os autores, gravação, novembro de 2009.
3. K. R. Brousseau, M. J. Driver, G. Hourihan e R. Larsson, "The Seasoned Executive's Decision-Making Style", *Harvard Business Review*, fevereiro 2006, 111-121.
4. Pascal Buffard, entrevista por telefone com os autores, gravação, novembro de 2009.
5. Beth Perlman, entrevista por telefone com os autores, gravação, junho de 2009.

CAPÍTULO 3

1. Carol Zierhoffer, entrevista por telefone com os autores, gravação, abril de 2009.
2. Ramón Baez, entrevista por telefone com os autores, gravação, março de 2009.
3. Ross Philo, entrevista por telefone com os autores, gravação, junho de 2009.
4. Duffy Mees, entrevista por telefone com os autores, gravação, maio de 2009.

CAPÍTULO 4

1. Robert Runcie, entrevista por telefone com os autores, gravação, janeiro de 2009.
2. Dean Harrison, entrevista por telefone com os autores, gravação, abril de 2009.
3. Carol Zierhoffer, entrevista por telefone com os autores, gravação, abril de 2009.
4. Dave Swartz, entrevista por telefone com os autores, gravação, fevereiro de 2009.
5. Steve Stone, entrevista por telefone com os autores, gravação, julho de 2009.
6. Colleen Young e Dave Aron, "Identifying CEO Expectations and Delivering Against Them", Relatório dos Programas para Executivos da Gartner, agosto de 2009.
7. Dick Gochnaueer, entrevista por telefone com os autores, gravação, suplementada por correspondências por escrito com os autores, fevereiro e março de 2009.
8. Dave Bent, entrevista por telefone com os autores, gravação, suplementada por correspondências por escrito com os autores, fevereiro e março de 2009.
9. Marv Adams, entrevista por telefone com os autores, gravação, fevereiro de 2009.
10. Tom Tabor, entrevista por telefone com os autores, gravação, agosto de 2009.

CAPÍTULO 5

1. Owen McCall, entrevista por telefone com os autores, gravação, março de 2009.
2. Richard Gius, entrevista por telefone com os autores, gravação, março de 2009.
3. Gerald Shields, entrevista por telefone com os autores, gravação, fevereiro de 2009.
4. Sherry Aaholm, entrevista por telefone com os autores, gravação, fevereiro de 2009.
5. Filippo Passerini, entrevista por telefone com os autores, gravação, maio de 2009.
6. Ramón Baez, entrevista por telefone com os autores, gravação, dezembro de 2008.
7. Ross Philo, entrevista por telefone com os autores, gravação, junho de 2009.
8. Dean Harrison, entrevista por telefone com os autores, gravação, maio de 2009.
9. Sandra Camelo dos Santos, entrevista por telefone com os autores, gravação, maio de 2009.

CAPÍTULO 6

1. Marv Adams, entrevista por telefone com os autores, gravação, fevereiro de 2009.
2. Phil Pavitt, entrevista por telefone com os autores, gravação, fevereiro de 2010.
3. Sherry Aaholm, entrevista por telefone com os autores, gravação, janeiro de 2010.
4. Richard Gius, entrevista por telefone com os autores, gravação, fevereiro de 2009.
5. Ramón Baez, entrevista por telefone com os autores, gravação, janeiro de 2009.
6. Filippo Passerini, entrevista por telefone com os autores, gravação, março de 2009.
7. Tim Zoph, entrevista por telefone com os autores, gravação, março de 2009.
8. Karen Nocket, entrevista por telefone com os autores, gravação, maio de 2009.
9. John F. Kennedy, "Space", seção 9 em "Special Message to the Congress on Urgent National Needs", discurso em uma sessão conjunta do Congresso, 25 de maio de 1961, Biblioteca Presidencial John F. Kennedy, Arquivos de Recursos Históricos, http://www.jfklibrary.org/Historical+Resources/Archives/Reference+Desk/Speeches/JFK/Urgent+National+Needs+page+4.htm.
10. Dean Harrison, entrevista por telefone com os autores, gravação, maio de 2009.
11. Randy Spratt, entrevista por telefone com os autores, gravação, fevereiro de 2009.
12. Richard Chapman, entrevista por telefone com os autores, gravação, fevereiro de 2009.

CAPÍTULO 7

1. Gerald Shields, entrevista por telefone com os autores, gravação, abril de 2009.
2. Barbra Cooper, entrevista por telefone com os autores, gravação, maio de 2009.
3. Tim Zoph, entrevista por telefone com os autores, gravação, janeiro de 2009.
4. Robert Runcie, entrevista por telefone com os autores, gravação, março de 2009.
5. M. M. Lomdardo e R. E. Eichinger, *The Leadership Machine* (Minneapolis: Lominger International - A Korn/Ferry Company, 2004).
6. Karen Nocket, entrevista por telefone com os autores, gravação, maio de 2009.
7. Filippo Passerini, entrevista por telefone com os autores, gravação, janeiro de 2009.
8. Shinji Hasejima, entrevista por telefone com os autores, gravação, janeiro de 2009.
9. Ramón Baez, entrevista por telefone com os autores, gravação, dezembro de 2008.

CAPÍTULO 8

1. Thomas G. Day, entrevista por telefone com os autores, gravação, junho de 2009.
2, Ross Philo, entrevista por telefone com os autores, gravação, junho de 2009.
3. Dave Swartz, entrevista por telefone com os autores, gravação, março de 2009.
4. Sherry Aaholm, entrevista por telefone com os autores, gravação, março de 2009.
5. Carol Zierhoffer, entrevista por telefone com os autores, gravação, abril de 2009.
6. Gerald Shields, entrevista por telefone com os autores, gravação, março de 2009.
7. Marv Adams, entrevista por telefone com os autores, gravação, fevereiro de 2009
8. Mart Mitchell, entrevista por telefone com os autores, gravação, janeiro de 2009.
9. Tim Zoph, entrevista por telefone com os autores, gravação, abril de 2009.

CAPÍTULO 9

1. Matt Mitchell, entrevista por telefone com os autores, gravação, janeiro de 2009.
2. Duffy Mees, entrevista por telefone com os autores, gravação, agosto de 2009.
3. Tim Zoph, entrevista por telefone com os autores, gravação, junho de 2009.
4. Gerald Shields, entrevista por telefone com os autores, gravação, maio de 2009.
5. Dave Swartz, entrevista por telefone com os autores, gravação, março de 2009.
6. Richard Gius, entrevista por telefone com os autores, gravação, março de 2009.

AGRADECIMENTOS

A menos que você tenha passado pelo processo, parece meio clichê dizer que escrever um livro que se inspira em uma base de pesquisa tão ampla é verdadeiramente um esforço em equipe, envolvendo dezenas de pessoas cujos nomes não aparecem na capa. Mas, como descobrimos, o clichê é verdadeiro. Este livro foi um esforço colaborativo.

Queremos agradecer especialmente todos os executivos de TI, os CEOs e outros executivos que contribuíram com seu tempo, entusiasmo, experiências e *insights*. Embora eles sejam citados por todo o livro, gostaríamos de agradecê-los publicamente. Nossos agradecimentos sinceros vão para: Sherry Aaholm, Marv Adams, Ramón Baez, Dave Bent, Pascal Buffard, Sandra Camelo dos Santos, Rich Chapman, Barbra Cooper, Thomas G. Day, Stephen Fugale, Richard Gius, Dick Gochnauer, Shinji Hasejima, Michael Kollig, Dean Harrison, Ken Melani, Owen McCall, Duffy Mees, Matt Mitchell, Karen Nocket, Phil Pavitt, Filippo Passerini, Beth Perlman, Ross Philo, Robert Runcie, Dave Swartz, Gerald Shields, Nick Smither, Randy Spratt, Steve Stone, Tom Tabor, Stein Tumert, Carol Zierhoffer e Tim Zoph. Somos profundamente agradecidos a cada um deles por contribuírem generosamente com seu tempo e pensamentos.

Também gostaríamos de agradecer os inúmeros executivos de TI adicionais com alto desempenho que também apoiaram nossa pesquisa por meio de entrevistas e colaboração; no entanto, a lei da física e contagem de páginas impediu que os incluíssemos no final do livro. Por último, queremos reconhecer aqueles que permanecem anônimos. Eles sabem quem são eles, e somos gratos pela sua ajuda. Nossas conversas com todas essas pessoas – acreditadas ou não – foram inspiradoras. Foi sem dúvida um privilégio experimentar sua paixão pela liderança de pessoas e disposição em dar algo em troca para a profissão de executivo de TI que eles (e nós) amamos, para poder ajudar a inspirar a próxima geração de líderes em tecnologia dos negócios.

Os colegas do Graham na Gartner nos proporcionaram um apoio enorme, encorajamento e uma riqueza de pesquisas a respeito das tendências dos executivos de TI e das melhores práticas. Um agradecimento imensurável vai para o Richard Hunter, vice-presidente e Gartner Fellow, o qual foi simultaneamente um grande apoiador do projeto, fonte de *insight* de vanguarda e coordenador por todo o leque vasto de recursos de pesquisa da Gartner. Um agradecimento especial para a comunidade analista da Gartner pela sua colaboração e contribuição por meio de suas pesquisas publicadas. Gostaríamos especialmente de agradecer Dave Aron, Diane Berry, Heather Colella, Linda Cohen, Ellen Kitzis, Mark McDonald, Lily Mok, Diane Morello, Tina Nunno e Colleen Young.

Além disso, o Graham gostaria de agradecer Dale Kutnick pelo seu patrocínio executivo e crença neste projeto, além de outros membros da administração da EXP, Jose Ruggero, Mary Ann Maxwell e Toni Edelstein, que possibilitaram que este projeto acontecesse. Além disso, ele gostaria de agradecer seus colegas na entrega de serviços da EXP – Steve Weber, Bill Jenks, Al Passori, Louis Boyle, Jean-Louis Previdi Bill Caffrey e muitos outros –, que adicionaram seus ricos *insights* como executivos de TI experientes e foram uma fonte constante de encorajamento.

Karen gostaria de agradecer em especial Mark Polansky, diretor administrativo de prática da Diretoria de Tecnologia Informática da Korn/Ferry e Kevin McNermey, ex-diretor administrativo do escritório da Reston Korn/Ferry, que inicialmente entendeu o poder do desenvolvimento de propriedade intelectual de vanguarda, encorajando a Karen a escrever o livro e apoiando-a nas horas difíceis.

O que faz com que este livro seja diferente é a pesquisa profunda e empírica em sua base. Essa pesquisa nos levou ao entendimento inicial de como os melhores dos melhores têm uma maneira claramente distinta de sempre colocar as pessoas em primeiro lugar, independente de o problema ser ou não tecnológico, organizacional, financeiro ou outro. Por esse motivo, somos extremamente gratos à Korn/Ferry International (KFI) por nos conceder modelos de dados estatisticamente sólidos de executivos com alto desempenho. Queremos reconhecer a contribuição generosa de Stuart Kaplan, Peter Dunn, Dana Landis, Hawlam Ng e Kim Ruyle.

E somos gratos ao Bill King da KFI por enxergar o valor neste empreendimento e apoiar nossa busca por ele.

Gostaríamos de agradecer Jacqueline Murphy e Kathleen Carr na Harvard Business Review Press pelo seu conhecimento editorial e apoio. Heather Pemberton Levy do programa de livros da Gartner merece ser similarmente reconhecida tanto pelo seu *insight* editorial quanto pela sua paciência e proficiência à medida que navegávamos pelo processo de criação do livro.

E, falando da criação de livros, oferecemos um agradecimento especial ao Paul B. Brown. Provavelmente teríamos nos magoado ao longo do caminho se não fosse pelo sua cabeça consistentemente nivelada, domínio da língua inglesa e senso de humor bem nas horas mais precisas. E gostaríamos de "mandar um enorme alô" – eles ainda dizem isso, Katie? – para Katie Smith, 12 anos de idade, pelo seu suporte técnico.

Por último, e pode parecer estranho agradecer seus próprios coautores, mas verdadeiramente pouco teria sido feito sem as outras pessoas: todos nós entramos no projeto com uma paixão pelo tópico de liderança de pessoas; foi assim que inicialmente nos juntamos. A atenção interminável do Graham pelos detalhes sempre nos levou a buscar o "momento de descoberta" entre os dados; os *insights* da Karen nos ajudaram a reduzir as principais mensagens para que elas pudessem ser claras e relevantes para nosso público central; e o George repetidamente encontrou os temas que juntavam todas as partes e proporcionavam *insights* profundos e rigorosos aos dados relacionados à KFI.

O que não parece estranho é agradecê-lo pela leitura.

Muito obrigado.

Índice

SOBRE OS AUTORES

Graham Waller é Vice-Presidente e parceiro Executivo com os Programas Executivos da Gartner. Ele dá suporte e é conselheiro confiável para os executivos de TI de uma variedade de indústrias, auxiliando-os no alinhamento e maximização do valor da TI entre a empresa e a TI. Ele veio para a Gartner como parte da aquisição da empresa do Grupo META, onde ele liderou pesquisas como executivo de TI sobre a mudança transformacional.

Por mais de 20 anos, o Graham tem proporcionado resultados nos negócios e alcançado valor mensurável da transformação possibilitada pela TI. Ele já teve cargos tanto de TI quanto de liderança de negócios em empresas da *Fortune 100* provedoras de serviços de TI e usuários finais, incluindo responsabilidade direta nas principais disciplinas de estratégia, governança, gestão do portfólio de TI, e-commerce e CRM.

Ele tem bacharelado em Engenharia Elétrica da Universidade de Liverpool e certificação em Estratégias de e-business da Universidade de Chicago.

George Hallenbeck é Diretor, Desenvolvimento de Propriedade Intelectual, para a Liderança e Consultoria de Talentos da Korn/Ferry. Com mais de uma dúzia de anos de experiência no campo de gestão de talentos, ele é responsável pelo desenvolvimento de propriedade intelectual (PI) que sustenta as ofertas de serviços e produtos comerciais da Consultoria de Liderança e Talentos. Ele foi coautor de publicações da Lominger, *Interviewing Right: How Science Can Sharpen Your Interviewing Accuracy*, e o próximo *FYI for Insight*. Ele tem experiência no desenvolvimento da PI nas áreas de planejamento da sucessão, instrução e *feedback* em 360 graus. É um palestrante habitual sobre as tendências emergentes e temas de RH relacionados a talento e foi autor e coautor de vários trabalhos e artigos científicos.

Possui MS e PhD em psicologia industrial e organizacional da Universidade do Estado do Colorado, assim como BS em psicologia da Faculdade Colby.

Karen M. Rubenstrunk tem liderado pesquisas em assuntos críticos, como gestão de relacionamentos de executivos, desenvolvimento da liderança, gestão do valor, desenvolvimento de organização e governança. Muitos de seus clientes executivos de TI receberam prêmios como Melhor CIO, Melhor Lugar para Trabalhar na Tecnologia Informática, CIO Mais Inovador e Os 100 Talentosos. Antes de se juntar à prática de CIO da Korn/Ferry, ela desenvolveu com sucesso as ofertas de executivos do Grupo META, incluindo sua prática de executivo de TI altamente bem-sucedido, antes de a empresa ser adquirida pela Gartner.

Ela é uma palestrante bastante procurada sobre a liderança do executivo de TI, capaz de acertar o cerne da questão com, como disse um executivo de TI, "conhecimento e compaixão".

Possui grau de mestrado em administração da Universidade Old Dominion e bacharelado em sistemas de informação dos negócios da Universidade do Estado do Arizona.